DIDIÈRE-ANTOINETTE DESHAYES

EN RELIGION

SŒUR THÉRÈSE

Née à Chaumont-en-Bassigny
le 25 septembre 1811, morte à Paris
le 15 janvier 1868

Par l'abbé L.-F. GARNIER

Professeur au Petit-Séminaire de Langres

Auteur de Mon Pèlerinage aux Lieux Saints

Elle fut simple, bonne
et craignant Dieu.
Job. 1. 8.

LANGRES

IMPRIMERIE ET LIBRAIRIE FIRMIN DANGIEN

2, rue de l'Homme-Sauvage, 2

1875

DIDIÈRE-ANTOINETTE DESHAYES

EN RELIGION

SŒUR THÉRÈSE

DIDIÈRE-ANTOINETTE DESHAYES

EN RELIGION

SŒUR THÉRÈSE

Née à Chaumont-en-Bassigny
le 25 septembre 1811, morte à Paris
le 15 janvier 1868

Par l'abbé L.-F. GARNIER

Professeur au Petit-Séminaire de Langres

Auteur de Mon Pèlerinage aux Lieux Saints

> Elle fut simple, bonne
> et craignant Dieu.
> Job. 1. 8.

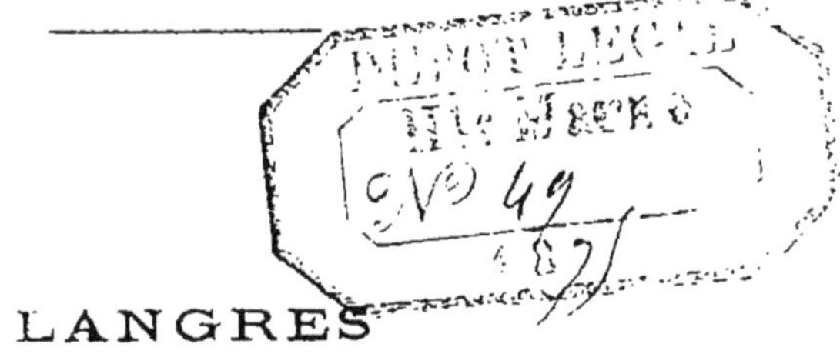

LANGRES

IMPRIMERIE ET LIBRAIRIE FIRMIN DANGIEN

8, rue de l'Homme-Sauvage, 3

1875

LANGRES, IMP. FIRMIN DANGIEN

La *Vie de Didière-Antoinette Deshayes,
en religion sœur Thérèse,* écrite par M. l'abbé
Garnier, professeur au Petit-Séminaire, est
un petit livre intéressant, édifiant, semé de
judicieuses réflexions propres à faire du bien
à l'âme, et ne renfermant d'ailleurs rien que
de conforme à la saine doctrine.

En conséquence, nous n'hésitons pas à en
approuver la publication, à en autoriser et
même à en recommander la lecture.

Langres, le 16 juin 1875.

† JEAN, Ev. de Langres.

OCCASION DE CE PETIT LIVRE

Un jour d'été, vers le soir, à l'heure où l'homme des champs fatigué se repose sur le banc de bois placé devant sa demeure et balance ses petits enfants sur ses genoux, je me promenais avec un ami dans un grand jardin dont le propriétaire, sans être artiste, cultive des arbres et des fleurs. Les arbres étaient tenus avec soin, mais point de fruits, le froid les avait brûlés dans leur germe. Les fleurs poussaient un peu à l'aventure, comme le bon Dieu les faisait pousser, et penchant leur tête sous le poids de la chaleur, demandaient une goutte d'eau afin de ne pas mourir. Il y en avait de belles et de plusieurs façons; parmi les plus modestes, le réséda jetait des nuées de parfums secoués par la brise dans l'allée où nous nous promenions, en échangeant quelques mots mélancoliques qui viennent si facilement sur les lèvres à ce moment de la journée.

Notre conversation, lente mais douce, roulait sur la vie et les vertus d'une personne chère à tous deux, mais à des titres différents. Qu'elle était bonne, simple et aimant le bon Dieu! disions-nous, comme elle aimait les pauvres! combien elle a souffert avant de mourir! vraiment, elle est morte comme une sainte! Mon ami ajouta:

En relisant ses lettres hier soir et le Bulletin de la Communauté où il est question de sa mort, je me suis mis à pleurer comme un enfant sans pouvoir me retenir, tant j'étais ému. A ce propos il m'est venu une idée, celle de faire imprimer ces pages afin de les sauver de l'oubli. — Oui, répondis-je, c'est une idée. Ce sera un monument qui perpétuera dans la famille cette mémoire chère et vénérée. — Mais il faut mettre ces matériaux en ordre et je n'ai pas le temps; chargez vous-en. — Moi? je le veux bien, ce sera mon tribut d'affectueuse reconnaissance, car elle a été bonne aussi pour moi.

Je pris les papiers, je me suis mis à l'œuvre

et voilà comment sont venues au jour ces pages que vous avez sous les yeux, ami lecteur.

Elles contiennent la vie bien abrégée d'une humble Fille de la Charité, vie obscure, obscurément passée sous l'œil de Dieu dans l'exercice des vertus les plus sublimes tout à la fois et les plus modestes.

Il n'y a donc rien d'éclatant dans l'histoire de ces jours paisibles, écoulés loin des applaudissements du public et pourtant au sein d'une bruyante capitale ; mais je ne puis m'empêcher de dire que cette vie a été merveilleuse vraiment, et l'une de celles que Dieu bénit et que les hommes admirent.

Elle est écrite pour sa famille qui tient à conserver le souvenir des vertus de sœur Thérèse, comme son héritage le plus précieux, comme le trésor béni auquel on a recours dans la détresse lorsque sont épuisées les ressources ordinaires de la vie.

Toutefois, si ces pages tombent entre les mains des jeunes personnes du monde, elles leur diront comment une de leurs sœurs a rencontré le bonheur loin des faux plaisirs qui les séduisent trop souvent, et ne laissent au moment de la mort que tristesses, regrets et frayeurs ; comment elle a trouvé les ineffables douceurs de la paix en servant Dieu de tout son cœur et en se dévouant au soulagement des misères humaines ; comment enfin, elle est morte consumée de ce feu que le divin Maître est venu apporter sur la terre et qui nourrit les bienheureux habitants du Paradis.

Qui sait ? Peut-être cette lecture réveillera dans plus d'une âme l'étincelle endormie de la divine charité, et lui montrera la carrière où elle dépensera avec fruit les dévorantes ardeurs d'une nature riche et généreuse qui s'use, si inutilement et parfois si douloureusement, dans les angoisses d'une vie stérile et mondaine ; *fiat !*

J'aime à croire encore que tous y trouveront un motif de louer Dieu, qui a donné de pareils modèles aux hommes pour leur apprendre à vivre chrétiennement, afin de mourir en prédestinés.

Langres, 8 décembre 1874.

DIDIÈRE-ANTOINETTE DESHAYES

EN RELIGION

SŒUR THÉRÈSE

CHAPITRE Ier

Naissance d'Antoinette. — Ses premiers pas dans la vie. — En classe. — Première communion. — Une halte sur le chemin. — Regard dans l'avenir.

Didière-Antoinette, en religion sœur Thérèse, naquit le 25 septembre 1811 à Chaumont en Bassigny, et fut baptisée en l'Eglise paroissiale par M. Sirjean curé de la dite ville. Elle fut l'aînée des trois enfants de Nicolas-Antoine Deshayes et de Marguerite Sarcey, Dieu lui ayant donné dans la suite une sœur et un frère qui sont encore vivants aujourd'hui.

Le berceau de l'enfant ne fut point entouré des splendeurs de la terre ; ses premiers cris n'ont point retenti dans un palais et quand ses yeux s'ouvrirent à la lumière, ils n'ont

1

point rencontré des lambris somptueux et dorés. Ses parents, jardiniers de profession, habitaient une maison simple, d'assez bonne apparence cependant, environnée d'un grand jardin et située au faubourg de N.-D. de Lorette.

La propreté faisait tout le luxe de l'habitation ; la simplicité, l'amour du travail, l'économie et la crainte de Dieu s'étaient donné rendez-vous sous le toit modeste de l'ouvrier, pour en faire le séjour de la paix et du pauvre bonheur qu'on peut goûter en ce monde. Ce sont là des trésors qui n'engendrent point les soucis et ne sont ni *démolis par la rouille,* ni *dévorés par les vers,* ni exposés à l'avidité *des voleurs.* Si la fortune n'y versa point l'abondance des richesses, jamais non plus le besoin ne s'y fit sentir, et la ménagère que la Sagesse divine loue devant les hommes, savait encore trouver des ressources pour soulager des misères qui, méritées ou non, se rencontrent sur tous les chemins de la vie.

Les regards de la petite Antoinette demeurée seule dans son berceau pendant les heures nécessaires du travail de ses parents, tombaient sur le crucifix suspendu à la cheminée, entre les images de la Vierge Marie et des saints patrons qui parent ordinairement la demeure des chrétiens, puis ils se reportaient sur la figure souriante de sa mère qui, revenue de ses occupations, la contemplait à son paisible réveil. Heureux l'enfant qui ne voit pas autour de lui des visages étrangers, croît au milieu des caresses maternelles et ne suce point un lait mercenaire !

Cette mère dévouée lui prodigua les soins qu'inspire une tendresse éclairée, sans l'accabler de ces précautions qui nuisent au développement et à la vigueur de ces plantes fragiles et délicates, plutôt qu'elles ne les favorisent. Il semble qu'en voyant naître et grandir sous le travail intelligent de son mari les fleurs qui bordaient les plates-bandes du jardin, la mère comprenait ce qu'il fallait à sa fille : une nourriture saine, la propreté, la liberté, de l'air avec du soleil. Que d'enfants trop favorisés par la fortune n'ont pas cette solide éducation et paraissent plutôt végéter que vivre au milieu de soins superflus !

La journée finie et le repas du soir terminé,

pendant que la mère préparait le petit lit de
la petite fille, le père prenait sur ses genoux
son chérubin, le balançait doucement en lui
chantant ces naïfs couplets qui font rire ces
anges terrestres, et recueillait une moisson de
baisers sur ces joues empourprées et ce front
plus frais que les roses de son jardin ; ensuite
la maman la prenait à son tour, joignait ses
petites mains, lui faisait bégayer le nom de
Jésus, celui de Marie et de Joseph, la prière
au bon ange, enfin la portait moitié endormie
dans son petit lit qu'elle signait de l'eau bénite
pour en écarter les piéges du Méchant, et
appeler autour de lui les phalanges célestes
amies des petits enfants et jalouses de leur
innocence. N'est-il pas à croire que ces esprits
bienheureux s'empressaient de fermer les paupières de leur petite sœur terrestre, pour
emmener avec eux son âme dans les sentiers
embaumés du paradis, où lui fut donnée la
semence de ces désirs qui plus tard ont germé,
grandi, et porté des fruits dignes d'être servis
sur la table du Roi des rois.

Oh ! oui, je le dis sans crainte d'être démenti,
les premiers sentiments déposés dans le cœur

et les premières impressions faites sur l'âme d'un enfant par une mère, ne s'effacent jamais. La mère est l'artiste qui développe la grâce du baptême, façonne le chrétien et lui donne sa robuste constitution qui le rendra fort contre les assauts de Satan et de ses tristes satellites. C'est ce que nos pères appelaient : *sucer la foi avec le lait;* parole d'un grand sens et d'une admirable vérité. Aussi, l'enfant qui ne trouve pas la foi autour de son berceau ni sur les lèvres de sa mère ne sera chrétien que par miracle.

Les jours succèdent aux jours, les mois aux mois, les ans aux ans, Antoinette compte déjà plusieurs printemps; son caractère se révèle. Elle n'est point colère, ni vive, ni pétulante et semble prévenue des bénédictions de la douceur. Cependant elle n'est point exempte de défauts, car on entend parfois la mère dont la voix est sonore et sévère, prendre un ton sec et menaçant, lorsqu'Antoinette ne respecte pas suffisamment les fleurs et surtout les fruits qui pendent aux espaliers du jardin. Le papa plus indulgent en a mal au cœur et cherche à excuser la petite délinquante, mais il le fait doucement et semble craindre d'attirer l'orage maternel de son côté. Antoinette se repent et promet de ne plus recommencer; elle est rouge, baisse les yeux, embrasse maman et s'en va en silence un peu plus du côté de papa. Antoinette est vraiment une bonne fille et ses parents ont grandement raison de l'aimer beaucoup.

Le temps marche toujours, Antoinette caresse la sœur et voltige autour du petit frère que Dieu lui a donnés. Antoinette a six ans. Hélas! mon Dieu, voilà tout son bonheur empoisonné; il lui faut aller en classe, la maman l'a dit. O vilain péché! faut-il que tu nous aies condamnés à reconquérir au prix de tant de larmes, de tant de pénitences, de tant de misères, les lumières que tu nous a ravies, et à commencer dès l'aurore de notre vie ce pénible labeur qui ne finira qu'à son couchant! Pauvres esclaves au sein de la liberté!...

Va, chère petite, prends panier, tablettes et livres, suis le chemin de la classe, à la main de ta mère dont la tendresse s'ingénie à couvrir de fleurs ce sentier de ton martyre. Tu as versé plus d'une larme le long de ce dur sentier, car il était bien plus agréable de t'amuser dans la rue ou dans les allées fleuries du jardin paternel ; mais tu ne fus pas la seule malheureuse. Celui qui écrit ces lignes, il lui en souvient, a regardé plus d'une fois derrière lui, les yeux pleins de pleurs et le cœur gros de soupirs, en cheminant tout doucement et malgré lui, sur ce chemin que ne quittait point sa mère avant qu'il eût franchi le seuil de la triste maison où il se croyait condamné aux travaux forcés, vraiment. Mais il faut qu'il en soit ainsi, le bon Dieu l'a voulu, et l'école est l'atelier divin où le maître, au nom du ciel, enseigne la science et les vertus qui feront plus tard le bon chrétien, par conséquent le bon citoyen.

Antoinette fit ses premières et dernières armes chez les Sœurs de la Providence de Langres récemment établies (1) à Chaumont. Ces nouvelles institutrices de la jeunesse qui se sont attiré si vite la confiance des villes et des campagnes par leur intelligence et leur dévouement, surent adoucir les premières

____

(1) En 1816.

amertumes du fruit de la science pour Antoinette, de sorte que celle-ci finit par aller
sans trop de regret chez lesbonnes Religieuses.
Elle fréquenta leur classe durant sept ans,
et c'est pendant le cours de ces peu nombreuses années que se compléta son éducation
littéraire et scientifique.

Nous n'avons point de détails sur ces jours
monotones qu'elle passa sur les bancs de
l'école ; ne sont-ils pas les mêmes pour tous et
les rappeler n'est-ce pas rappeler nos douleurs ? Cependant nous pouvons dire que les
travaux de notre écolière ne furent pas sans
gloire, puisqu'elle revenait tous les ans chargée de couronnes conquises dans *l'arène
olympique* de la rue des Capucins.

Ses connaissances n'étaient pas fort éten-
dues et l'Académie pourrait trouver des taches
dans son style, même des fautes d'orthographe
dans les innombrables lettres qu'elle écrivit
plus tard aux personnages les plus distingués
comme anx plus humbles enfants du peuple.
Antoinette à douze ans savait lire, écrire,
comprendre et réciter son catéchisme, faire
les quatre règles, travailler des doigts, mettre

de l'ordre dans ses petites affaires, prier le
bon Dieu, aimer ses frères, honorer les auteurs
de ses jours, et surtout soulager ceux qu'elle
voyait souffrir ou dans la peine. Elle ignorait
absolument la musique, le piano, le dessin, la
broderie et mille autres choses qu'on apprend
aux demoiselles de grande maison, mais qui
sont plus funestes qu'utiles aux filles du peuple dont la vie doit se passer dans les occupations sévères d'une vie laborieuse.

C'est vers cette époque qu'Antoinette fit sa
première communion.

Dire qu'elle s'y prépara longtemps et la
désira de tous les désirs de son âme, c'est
chose superflue, car nous connaissons déjà le
caractère naturellement religieux et l'éducation toute chrétienne de la jeune fille. La
première communion fut le couronnement de
la première époque d'une vie où le mal n'était
point entré, ou comme l'épanouissement de
la grâce baptismale conservée jusqu'au plus
beau des jours, au jour du suprême bonheur
de la terre.

Ce jour trois fois béni dans lequel Antoinette
en parfaite connaissance de cause et jouissant

1*

d'une entière liberté, se donna elle-même au Dieu de son âme en ratifiant les promesses de son baptême, fut le 9 mai 1823. La cérémonie, préparée par M. Guillemin (1), vicaire, et présidée par le vénérable curé M. Malarme, de bonne mémoire, se fit dans la gracieuse église de Saint-Jean de Chaumont.

Ah ! de quels parfums ineffables est embaumée l'âme innocente d'un enfant par la première entrée du Seigneur Jésus ! De quelles délices incomparables elle est inondée par la visite longtemps attendue du brûlant ami des cœurs ! et qu'il est bon, qu'il est suave, le ressouvenir de ces heureux instants, lorsque sur la fin de la carrière, on reporte son regard fatigué vers ce jour lointain de la première communion, passé si vite et pour jamais ; lorsqu'on revoit cette lumière brillante et douce qui l'illumina tout entier ; lorsqu'on écoute encore la voix intérieure du bien aimé Jésus dire avec amour : *Enfant, donne-moi ton cœur*, et la réponse qu'on lui fit naïve-

(1) Plus tard curé de Richebourg.

ment et en toute sincérité : Oui, Seigneur, je vous donne mon cœur et vous le donne à tout jamais !...

Ceux qui ont communié dans les dispositions de notre Antoinette comprendront ces lignes; elles seront scellées pour ceux qui n'ont pas eu le même bonheur.

Le jour de la première communion fut un jour de fête pour la famille. Le père mit ses habits solennels et pleura à l'église; la mère regarda sa fille vêtue de la robe blanche avec une joie mêlée de regret; la sœur enviait la couronne des jeunes communiantes, et le petit frère disait fièrement : Moi aussi, je ferai ma première communion quand je serai grand...

Antoinette fut la reine du jour, fêtée, embrassée avec tendresse et respect, parce qu'elle avait apporté Dieu au sein de sa famille dans le tabernacle de son cœur. La table aussi fut ce jour-là plus splendide et les primeurs du jardin y parurent en grande pompe. Les parents et quelques amis prirent part au festin et se mêlèrent à la joie pure et sans mélange de la famille Deshayes, et, le soir même, fut suspendue à la muraille l'image encadrée qui rappelle la date fortunée de la première communion de Didière-Antoinette, et se conserve encore aujourd'hui comme une relique dans la famille.

Antoinette occupa la place d'honneur selon la vénérable coutume des chrétiens, mais rassasiée du pain de la divine Eucharistie, elle mangea peu et resta tout le jour souriant à ses chères émotions, et conversant intérieurement avec l'hôte divin qui demeurait dans le sanctuaire de sa poitrine. Le lendemain, une messe d'actions de grâces à Saint-Jean, une promenade avec ses compagnes dans les champs qui jamais n'ont été si fleuris, si remplis de voix mystérieuses, écho prolongé de l'heureuse journée, puis tout est consommé; le jour de la première communion est passé sans retour. Mais de ce moment s'alluma dans Antoinette une soif nouvelle qu'elle n'avait point encore éprouvée; soif qui la conduisit souvent aux sources sacrées où elle but à longs traits, et ne s'éteignit qu'au ciel dans le fleuve de vie *où sont enivrés les élus.*

Qu'a-t-elle dit à Jésus-Christ dans ce jour mémorable? Nous l'ignorons, mais il n'est pas téméraire de penser qu'elle lui fît donation entière de sa personne, comme 26 ans plus tard, elle conseillait le même acte à une de ses nièces, aujourd'hui fille de la Charité, qui faisait aussi sa première communion dans la même église, le même mois et presque le même jour. « Ma bien aimée et très-heureuse enfant, » lui écrit-elle, « tu vas recevoir dans ton âme le Roi du ciel et de la terre, notre divin Sauveur; quand tu le posséderas dans ton cœur, presse le bien sur ce petit cœur et dis lui qu'il le prenne, qu'il est à lui tout entier, et qu'aucune créature ne le lui ravisse... Ne t'occupe pas trop de ton habillement; mais que sa blancheur te fasse penser qu'il est une figure du beau *lys* de l'innocence qui doit orner ton cœur. »

Oh ! que les jeunes filles d'aujourd'hui qui se préparent à la première communion devraient méditer longtemps ces simples mais profondes paroles, et les mères les comprendre pour en faire pénétrer la moëlle dans le cœur de leurs enfants ! Hélas ! souvent de nos jours, on s'occupe beaucoup plus de la vanité *de l'habillement* que *du beau lys de l'innocence.*

Afin de ne pas revenir sur sa donation, Antoinette médita dès cette époque un dessein qu'elle ne dit point à ses parents. Il ne lui apparaissait du reste que comme une image lointaine, obscure et vaporeuse. Fit-elle bien de ne rien dire? Oui, ces sortes de choses se traitent dans le silence et la prière avec Dieu seul, puis quand l'heure est venue, on admet en tiers dans le secret, *l'ange des bons conseils,* qui décide après mûre délibération et suffisante épreuve, s'il faut suivre la voix intérieure ou renoncer à son projet. Autrement, ces projets trop tôt dévoilés sont comme les vapeurs qui se fondent au soleil.

CHAPITRE II

Quoiqu'il en soit, Antoinette à quatorze ans, malgré ses goûts, malgré ses succès, malgré certains conseils qui flattent ordinairement si fort les parents, laisse là tous les livres et devient jardinière. C'est la volonté de son père et de sa mère qui ne veulent point qu'elle soit déclassée. Ils ont raison. La voilà donc retournant la terre, tirant l'eau du puits, arrosant les légumes, sarclant les aires, arrachant les mauvaises herbes, nettoyant les allées, faisant les paquets pour le marché et tout cela, en plein soleil, armée contre ses feux d'un grand chapeau de paille noire.

Au milieu de ces occupations rustiques elle grandit rapidement et se développe presque d'une manière extraordinaire. « Comme tu deviens puissante, » lui répètent chaque matin ses compagnes de même âge ; « Antoinette devient forte comme un Turc, » se disent entre elles les femmes du quartier. Une année, deux années se passent, et le père, fier de sa fille, redit à qui veut l'entendre : « *l'ouvrage fond entre ses mains.* » Cependant, elle n'est point agile, et d'aucuns diraient que les traces de ses pas sont profondément imprimées sur les plates-bandes qu'elle laboure ; mais on remarque que si elle ne s'agite pas outre mesure, elle ne s'arrête jamais et jamais ne reste inoccupée. C'est un des traits caractéristiques de sa nature. En elle se vérifie exactement le proverbe : « *Ce n'est pas celui qui se remue davantage qui fait le plus de besogne.* »

Son caractère aussi s'est développé d'une étonnante façon et a pris pour ainsi dire une assise définitive. Elle est àpre au travail, point mélancolique, parle peu et rit toujours ; mais de toutes ses qualités, celle qui domine évidemment, c'est la bonté. Aussi, elle est aimée de tout le voisinage et sa générosité devient presque proverbiale. C'est à elle que les pratiques s'adressent de préférence parce qu'on sait qu'elle force la mesure avec un *gros par-dessus.* Le père, témoin du fait, n'est pas tout-à-fait charmé de cette largeur de vue ; mais il aime sa fille devenue son bras droit, murmure trois paroles et, somme toute, lui dit peu de chose, de sorte qu'Antoinette continue de vendre à bon marché et de se faire une nombreuse clientèle. Elle eût bien tout donné si la mère ne se fût interposée en disant qu'il, « *est bon d'être bon,* mais qu'il ne faut pas l'être trop, parce que l'argent ne pousse pas sous le fer de la bêche, et *qu'il en faut* pour soutenir le ménage. » — « Tu n'amasseras jamais rien, disait-elle, si tu jettes ainsi tout par les fenêtres. »

Mme Deshayes était économe, portait la bourse et voulait que sa fille s'en tînt à la stricte justice. Les mamans prudentes regardent toujours dans l'avenir et parfois trop loin ; mais vaut mieux comme cela que de n'y point regarder, de n'y voir rien et de compter sur les chances de la fortune.

Voici venir dix-sept ans pour Antoinette. A cet âge, la vie déborde comme la liqueur d'un vase trop étroit pour la contenir, l'âme se réveille, sent de nouvelles aspirations et voit se lever une armée de désirs qu'elle n'a point connus jusqu'alors. Dans son trouble, elle jette des regards inquiets vers des horizons lointains au fond desquels apparaît, environné d'une lumineuse auréole, un brillant fantôme qu'on appelle : LE BONHEUR. Pour l'atteindre, elle veut affronter les orages et brûle de lancer en haute mer la fragile nacelle qui, jusqu'alors, s'est promenée tranquille dans l'heureux port de la famille sans en franchir les limites. Pauvre inexpérimentée, que va-t-elle faire ? Le monde est là sur l'autre bord qui lui montre ses vanités; le bruit de ses fêtes arrive jusqu'à son oreille avec les mille voix du plaisir qui trouvent un écho dans le plus profond de son cœur. Combien elle voudrait tremper aussi ses lèvres à la coupe enivrante ou tant d'autres boivent à longs traits !

Ah ! Prends garde, gentil batelier qui veut affronter la grande mer du monde ! Oui, vogue sur ta charmante petite nacelle empourprée des rayons d'une aurore nouvelle; déploie ta voile d'or au souffle embaumé de l'espérance; le ciel est pur et l'air est sans nuages; mais, prends bien garde, cette mer si brillante, si calme et si jolie est traîtresse, et ses flots bleus qui réfléchissent les splendeurs du jour et de la nuit recouvrent bien des victimes ! Vois, ses rivages sont blanchis d'ossements et couverts de débris. Prends bien garde, petit batelier, n'écoute pas la voix du monde, c'est la voix trompeuse de la Sirène qui attire sur de fatals écueils ! Le bonheur n'est pas là où il te le montre ; il est au dedans de toi-même, dans la paix du Dieu de tes premières années. Prends bien garde, si tu n'as la foi pour pilote et pour boussole la douce ETOILE DE LA MER, tu feras un triste naufrage ! Prends garde, prends garde !...

O le douloureux moment dans la vie ! Antoinette en connut les angoisses, et comme devant toutes les filles d'Eve, la tentation se dressa devant elle.

Non loin de la maison paternelle habitait un maître de danse, et cet artiste donnait des leçons à un certain nombre de jeunes personnes qui *couronnaient l'édifice* de leur éducation, par cette science douteusement nécessaire à une chrétienne pour faire son salut. Antoinette voyait ces personnes, les connaissait, conversait avec elles; naturellement elle crut qu'elle devait aussi savoir danser. Le fantôme du monde l'avait touchée de son souffle. Comment sans cela paraître en société dans une soirée amusante, chez des amies où elle serait obligée d'avouer son ignorance ou de commettre des gaucheries? C'est impossible, je serais ridicule, se disait Antoinette ; et... que d'Antoinettes sous la voûte des cieux !

Donc elle fait part de son idée à sa mère qui n'y voit pas grand inconvénient, car sa fille est bonne, travailleuse et solide chrétienne; on peut bien lui permettre un peu d'agrément. Le père est presque enchanté de la chose, parce qu'il y voit un moyen de faire briller sa fille, et, qui sait? peut-être de lui ouvrir les portes d'un riche avenir.

Antoinette prit des leçons de danse. Comme à l'école, elle fit de rapides progrès et elle promettait des succès fantastiques. Bref, la jeune fille eut pour la danse un goût marqué. On l'invitait aux noces, aux soirées et cela faisait ses délices. Ce fut bien pendant quelque temps ; mais la mère, femme prudente, finit par craindre pour sa fille de sérieux dangers ; d'ailleurs, ce qui se passait autour d'elle était bien fait pour l'affermir dans sa résolution soudaine, car les danseuses reculaient visiblement sur le chemin de la sagesse. Quand on vint de nouveau demander sa fille, elle refusa tout net. Alors on s'adressa au père, bonne nature qui ne savait pas dire non ; mais survenait la mère, qui sous d'honnêtes prétextes mettait les holà ! Antoinette restait, ou mieux, s'exécutait avec un certain déplaisir, car elle disait ensuite aux amies en riant : « Quel dommage qu'on ne s'adresse pas à mon père ! comme je danserais ! »

Voilà bien la nature prise sur le fait, nature franche et loyale qui ne sait pas dissimuler et n'est point dominée par ce vilain défaut si commun, dit-on, et qu'on appelle bouderie.

Antoinette ne voyait dans la danse qu'un amusement, une récréation et ne portait pas ses pensées plus loin. Que d'enfants naïves comme elle et sans mauvaise intention ont vu leur innocence naufrager dans ces divertissements! Autrefois, dans les temps d'une plus grande simplicité, les enfants dansaient sous le regard de leurs parents qui permettaient volontiers cet exercice; mais le diable s'en est mêlé pour le corrompre, de sorte qu'aujourd'hui, les mères chrétiennes sont obligées de l'interdire à leurs filles et les curés à leurs paroissiens.

Antoinette écouta sa mère et laissa danser les autres; elle fit bien et le bon Dieu récompensa son obéissance. J'ai vu plus d'une fois le lis majestueux de fraîcheur et de beauté rompu par un simple coup de vent, ou flétri à jamais par la pluie d'un violent orage. Roi du parterre à l'aurore, il n'est plus le soir qu'un débris qu'on jette dehors. Elle pouvait être ce lis.

Malgré son penchant pour la danse, Antoinette conservait un grand amour pour le bien, de sorte que la vue du mal lui inspirait une violente aversion, souvent du dégoût et parfois un zèle plus ardent qu'éclairé, comme nous allons le voir dans le trait suivant.

Un jour qu'aux environs de la maison paternelle, dans un jardin, sous un berceau de verdure, de bruyants éclats de rire et certaines paroles équivoques annonçaient tout autre chose qu'une réunion d'âmes pieuses, elle vint troubler la fête en jetant une pierre qui tomba parmi la troupe joyeuse, y mit la terreur et la dispersa. Après ce coup Antoinette se cacha et l'affaire n'eut pas d'autre suite.

En racontant cette anecdote trente ans plus tard, elle riait encore de bon cœur de la frayeur qu'elle, avait causée aux amis du plaisir, mais elle ajoutait : « Je n'ai peut-être pas bien fait, car j'aurais pu *attrapper* quelqu'un; mais à cause de ma bonne intention le bon Dieu a dirigé ma pierre de sorte que je n'ait fait de mal à personne. »

Une dix-huitième année vient de poser sa couronne de roses sur le front d'Antoinette.

Celle-ci est grande, robuste, d'un extérieur avantageux, laborieuse, peu coquette, d'allures franches et d'un heureux caractère, avec un air de sagesse qui annonce la femme faite et inspire la confiance. Les prétendants commencent à se montrer. Plus d'un œil se fixe sur elle, plus d'une espérance surgit parmi les jeunes gens qui comptent tous sur la préférence.

Entre ces derniers se trouve un jeune tyrolien qui sans rien dire à la fille était assidu près du père, et celui-ci comprenait parfaitement son muet langage. Le jeune homme n'était pas trop mal : ni joueur, ni débauché, d'un caractère convenable, rangé, honnête selon le monde, avec un métier assez lucratif. Le père ne le voyait pas d'un mauvais œil, et sans en ouvrir la bouche, trouvait *que la chose pouvait se faire.* Antoinette serait bien placée, les jeunes gens travailleraient et gagneraient largement leur vie. Bref, la barque du père glissait déjà vers les rivages lumineux de la félicité pour sa chère enfant.

Mais pendant que le père rêvait d'or pour sa fille, Dieu travaillait de son côté, et un prétendant bien autrement sérieux frappait à la porte du cœur d'Antoinette. C'était Jésus, l'aimable fils de la Vierge Marie. « Mon enfant, lui disait-il, sors de la maison de ton père, quitte ta mère et tes frères, et viens dans la terre que je te montrerai. » La jeune

fille avait répondu comme autrefois Samuel,
« Parlez, Seigneur, votre servante écoute, diri-
gez mes pas dans la voie de vos commande-
ments, éclairez ses ténèbres et allumez le
flambeau devant elle... » C'est dans le silence
de la prière et le calme de la méditation que
se faisaient ces colloques sans témoin ni
confident, et déjà depuis bien longtemps.
Mais où se trouvait la terre dont parlait la
voix intérieure?

Antoinette se mit à chercher, et descendit
le flambeau à la main dans les régions téné-
breuses de son cœur. Elle n'avait nul goût
pour le mariage et se sentait au contraire un
attrait invincible qni la portait vers les malades, les pauvres et tous ceux qui souffrent.
Ce sentiment intime fut le premier révélateur
de la terre promise. Il grandit, se fortifia,
arrêta les autres dans leur essor et finit par
dominer en vainqueur, je dirais presque en
despote, dans le royaume de son âme.

Voici un fait sans importance, mais qui nous
prouve jusqu'où en était arrivé ce sentiment
dominateur.

Antoinette avait été amenée par un concours

de circonstances singulières à soigner un jeune homme dans une longue maladie. Celui-ci était un habile fabricant d'instruments chirurgiques. Rendu à la santé, il cherche adroitement à savoir ce qui pourrait faire plaisir à son infirmière, pour lui témoigner sa reconnaissance. Celle-ci lui dit tout bellement que son joujou préféré serait une paire de lancettes ; ce disant, elle mêlait son rire épanoui à celui du jeune homme qui plaisantait sur ce goût excentrique pour une personne de son âge. Toutes fois, une semaine après cette conversation, le jeune homme revint avec une paire de fines lancettes dont il fit cadeau à son infirmière de circonstance.

Aussitôt, toute joyeuse de posséder l'instrument de sa prédilection, Antoinette court vers sa sœur et lui dit : « Donne moi ton bras, il faut que je te saigne, regarde le charmant outil que j'ai. » La sœur se récrie et refuse net. — « N'aie pas peur, je ne te ferai pas de mal et je te montrerai comme on saigne, donne moi ton bras. » — Merci bien, dit la sœur, malgré ton habileté je ne suis pas tentée de subir l'opération. Sur ce, la future *saigneuse* fut obligée malgré son vif désir de remettre son joujou dans son étui, mais non sans le regarder longtemps d'un regard de complaisance, disons plus juste, d'un regard d'amour, regrettant fort de ne pouvoir s'en servir et d'avoir une sœur si peu amie de la lancette.

A dater de ce moment, la résolution d'Antoinette était prise et sa vocation décidée entre elle et le divin Epoux des âmes. Viens avec moi, lui disait-il depuis des années; elle avait enfin répondu : « Oui, ô mon Jésus, je viens de tout mon cœur, vous êtes mon partage et mon héritage unique dans la maison de mes pères... »

Heureuse l'âme docile à la voix du divin Maître, qui foule aux pieds les biens et les joies terrestres pour s'élever comme l'aigle dans les régions supérieures, et contempler dans sa splendeur le Soleil de justice dans les cieux des cieux et les hauteurs de l'éternité...

Le premier confident des secrets d'Antoinette fut son confesseur, M. l'abbé Mary, ancien curé de Doulaincourt, et pour lors vicaire de Chaumont. Directeur sage et prudent, il écouta les paroles de la jeune fille,

lui donna ses avis, puis après des années
d'épreuves, lui déclara qu'elle pouvait suivre
l'attrait intérieur, signe de la volonté de Dieu,
et se préparer à son noviciat chez les Filles
de la Charité.

Antoinette communiqua son dessein à sa
mère, qui d'abord étonnée la renvoya brusquement en la traitant de folle. Folle, voilà
bien l'épithète que le monde applique à toute
jeune fille qui le quitte pour se dévouer plus
spécialement au service du Seigneur Dieu.
Et vraiment, la sagesse des saints est folie
aux yeux des hommes, cela est écrit dans
nos livres inspirés, et Mme Deshayes en était
l'écho inconscient. Antoinette ne fut ni surprise ni découragée de cette réception, elle
s'y attendait. Les jours suivants elle revint à
la charge, et cette fois elle fut accueillie sans
froideur, même avec une certaine bienveillance. La mère écouta sa fille, pesa ses rai-
sons, et lui fit toutes les représentations suggé-
rées par la prudence, l'affection la plus sincère et le plus pur dévouement. J'ai tout pesé,
ma mère, j'ai tout prévu, répondait Antoinette, le bon Dieu me veut, je ne puis pas lui

désobéir. — Mais tu nous quittes, tu es une fille dure, une... elle n'osa prononcer le mot ingrate. — Oh! ma mère, vous savez que je vous aime..., et la mère et la fille se jetaient dans les bras l'une de l'autre et mêlaient des larmes brûlantes. — Je vous quitte, il est vrai, mais c'est pour le bon Dieu, et puis je vous aimerai mieux, je vous aimerai toujours.

Finalement, Mme Deshayes voyant la persévérance de sa fille qui pour la première fois ne se prêtait pas à ses désirs, voyant sa résolution froide et calculée, voyant le doigt de Dieu dans cette affaire, ne fit plus d'opposition et donna son consentement. — Va, ma fille, lui dit-elle, puisque le bon Dieu te veut; je comptais sur toi pour soutenir mes vieux jours; mais je ne puis pas non plus lui désobéir, tu lui appartiens avant de m'appartenir; il est le maître de tout; que sa volonté soit faite; sois bonne Religieuse..., et elle pleura. Antoinette aussi pleura, et Dieu du haut du ciel, environné de la Cour céleste, reçut en odeur de suavité ce double sacrifice et bénit la mère et la fille.

Antoinette au comble de ses vœux ne manifesta point une joie bruyante, mais demeura dans la paix du Seigneur, méditant et repassant sans cesse au fond de son cœur les paroles de sa mère et celles de son directeur, l'*ange des bons conseils*. Elle n'avait plus qu'une bataille à livrer, une victoire à gagner ; Dieu lui rendit la chose facile, et le soir tout était fini.

Le père fut comme frappé de la foudre en apprenant une nouvelle si inopinée, si inattendue. Un homme n'est pas plus surpris quand il se réveille brusquement d'un rêve doré, et que s'évanouissent sans laisser de traces, le château fantastique et les vastes domaines où il se promenait en seigneur. Mais M. Deshayes était chrétien, chrétien avec la foi des premiers âges ; il se résigna à regret, mais enfin il se résigna et fit le sacrifice de son *bras droit* que Dieu lui demandait. Après tout, se disait-il, j'aime ma fille, je veux qu'elle soit heureuse ; eh bien, puisqu'elle prétend l'être ainsi, soit, je ne m'y oppose plus, je ne dois plus m'y opposer, qu'elle soit Religieuse...

Heureux les parents qui raisonnent comme

ce rude chrétien et ne mettent pas d'éternelles entraves à la vocation de leurs enfants, lorsque Dieu les appelle visiblement à lui! Ils sont bénis même sur la terre et récompensés au centuple, car Dieu est puissant et ne se laisse point vaincre en générosité. Et puis, franchement, est-on plus heureux dans le monde que dans la Religion? Ceux qui sont dans le monde se plaignent presque toujours, et les autres jamais; qu'on tire la conclusion.

Tout étant réglé, on fixa d'un commun accord le départ pour Langres, où Antoinette devait faire ses premières armes dans la milice des Filles de la Charité.

C'était en l'année 1831.

CHAPITRE III

En 1831, l'horizon politique était encore
bouleversé et de gros nuages parcouraient en
menaçant les sombres plaines de l'air. Le
ciel était noir et les hommes inquiets plon-
geaient leurs regards dans l'avenir pour y
saisir quelques rayons d'espérance. Le temps
n'était pas favorable aux vocations religieuses, c'était du moins l'opinion des prudents
du siècle; double folie, disait-on, de s'enrôler
sous les étendards de la milice sainte à pareille époque. Le jésuite (1) est en horreur, *cha-*

(1) Sous le nom de jésuite on comprenait alors les prêtres, les religieux de n'importe quel ordre, même les laïques
qui faisaient profession de foi catholique. Le mot de jésuite
était une grosse injure, et les mots soulignés se répétaient
comme étant de bon ton.

cun veut manger du jésuite... Que de sectaires
voulaient encore bannir Dieu du monde, renver-
ser ses temples, détruire ses autels et faire disparaître ses ministres, de n'importe quel nom,
comme aux jours florissants de la grande Révolution ! Mais pour une âme qui se donne à
Dieu, il n'est point d'orage qui puisse arrêter
sa course sublime. Toujours calme et paisible, elle se confie aux soins de la Providence et sait que celui qui donne la pâture
aux petits des oiseaux et s'occupe de l'insecte
qui rampe sous l'herbe, enverra son ange
devant elle pour écarter les périls de sa route,
si telle est sa volonté.

M. Deshayes, le matin du départ, fit ses
adieux à sa fille et l'embrassa les larmes aux
yeux, car il aimait *moult fort* son Antoinette
et voyait s'en aller avec elle ses espérances
terrestres ; mais sa noble enfant l'encouragea
et le consola par de bonnes et douces paroles,
puis, le cœur bien gonflé, franchit le seuil de
la maison en essuyant furtivement des pleurs
qui la brûlaient. Elle se dirigea avec sa mère
et son frère, âgé de douze ans, vers la place
de l'Hôtel-de-Ville où s'arrêtait la grande

diligence de Paris à Mulhouse. Après une demi-heure d'attente, les trois voyageurs montèrent en voiture et en moins de cinq heures arrivèrent dans la vieille cité langroise. On ne pensait pas encore à cette époque qu'un jour on franchirait la même distance en quatre fois moins de temps.

Aussitôt débarqués, nos voyageurs se rendent à l'hôpital de la Charité ou la postulante est attendue. Par hasard, quand ils entrent au parloir, s'y trouvait M. l'abbé HUDELET, curé de la cathédrale St-Mammès, en compagnie de la supérieure de l'établissement. Après les salutations d'usage, les compliments à la future religieuse et les félicitations à la mère, le vénérable prêtre se tournant vers le petit jeune homme dont le képi et la tunique aux palmes d'or indiquaient le collégien, dit à la jeune fille : Ce petit Monsieur est votre frère ? — Oui Monsieur. — Eh bien, puisque vous vous faites religieuse, lui, sera-t-il prêtre ? — La jeune fille ne répondit point, et le frère étonné regardait le vieillard ; mais la mère prenant la parole dit : Si le bon Dieu voulait, je ne m'y opposerais pas. Le bon Dieu voulut et aujourd'hui le *petit Monsieur* est un prêtre zélé du diocèse de Langres.

La postulante est reçue comme à l'ordinaire sans grande cérémonie, mais avec affection par ses compagnes, et la voilà installée à l'hôpital objet de ses vœux et de ses ardents désirs. La mère et le frère sont repartis, elle est seule, elle est libre.

Sa première visite est pour la chapelle où elle remercie avec effusion de cœur Notre-Seigneur de l'avoir conduite, comme autrefois Abraham, jusque dans la terre de promission qui sera désormais son héritage, puis elle se met à la besogne sous les ordres de sa Supérieure, afin de s'assurer si sa vocation vient véritablement de Dieu et n'est pas une illusion de l'Ange des ténèbres. Les jours se succèdent et passent, monotones et pénibles pour quiconque n'est point appelée ; mais pas une fois Antoinette ne se repent de s'être engagée dans la phalange des Filles de saint Vincent de Paul. Son apostolat n'est pas une épreuve, l'épreuve est faite, mais l'apprentissage des choses qu'elle n'a pu pratiquer que très-imparfaitement dans la maison paternelle, savoir : la soumission à une règle sévère, l'obéissance complète aux ordres des supérieurs avec l'abdication parfaite de sa volonté propre.

Antoinette est dans son élément. Les malades ne lui répugnent pas, elle les aime et les soigne avec plus d'affection que les légumes du jardin de son père ; les plaies repoussantes ont pour elle un parfum qui l'attire ; c'est son bonheur d'ensevelir les morts. Coiffée du bonnet noir, armée du tablier blanc et de son trousseau de clefs, elle va et vient toujours sous la main de sa Supérieure, partout où l'appellent les fonctions qui lui sont assignées. Et tout cela, elle le fait sans empressement, sans enthousiasme, mais avec un profond contentement intérieur, voyant N.-S. Jésus-Christ dans chacun de ses membres souffrants, et se faisant à cause de cela leur sœur, leur servante et leur esclave.

Je ne sais si elle apporta ses lancettes, mais à coup sûr elle satisfit largement son désir de voir saigner, de saigner elle-même et de suivre plusieurs autres opérations chirurgicales familières aux Filles de la Charité.

Bref, au bout de trois mois, notre postulante s'élançant dans la carrière de sa vocation comme le soleil pour courir sa course, fut jugée digne d'entrer au noviciat et fut envoyée par sa Supérieure au séminaire de Paris, rue du Bac, n° 140.

Semblable au voyageur qui quitte la dernière étape avant d'arriver au terme de son voyage, Antoinette la postulante, avec une joie mêlée de regrets, se sépare de ses compagnes dont elle emporte l'estime et l'affection, puis remonte dans la lourde voiture qui l'emporte cette fois vers la grande ville, la ville dont le nom fait palpiter de désirs tant de jeunes cœurs simples et ingénus, et que j'appellerai moi, le grand océan où se sont accomplies tant de catastrophes, où tant d'existences se sont perdues pour jour et jamais. Mais Antoinette n'est point animée par des idées de jeunesse ni conduite par des sentiments ordinaires; Paris n'est pour elle que le lieu où elle consommera son sacrifice au Dieu de son cœur, en se consacrant définitivement à son service dans la personne des pauvres malades, car sa devise sera désormais : Dieu seul, Dieu toujours et Dieu partout.

Le fait suivant nous prouvera que tels étaient bien ses sentiments et qu'elle avait compris toute l'étendue de ces paroles de Notre-Seigneur Jésus-Christ : « Celui qui aime son père et sa mère plus que moi n'est pas digne de moi. » Ce fait sera diversement apprécié par un chacun ; les personnes du monde y verront de la dureté, de la cruauté même ; les chrétiens comme il faut y verront de l'héroïsme ; pour moi, je me permettrai de n'y voir que le témoignage d'une exquise délicatesse de sentiment et la suprême expression de l'amour filial pour des parents trop sensibles. Il est des arrachements trop douloureux qu'il faut épargner à la nature humaine.

La *diligence* qui roulait à grand bruit vers la capitale, passant à Chaumont, la ville natale d'Antoinette, s'arrêta comme d'ordinaire sur la place pour charger et décharger voyageurs et colis. Il y avait le temps de dire un second au revoir à sa famille, mais Antoinette ne l'avait point prévenue de son passage ; elle ne descendit point à terre et s'entretint seulement avec une amie qui était mise dans la confidence, afin de conserver l'*incognito*. La nuit servit à merveille et sa mortification et son affection filiale ; personne ne la reconnut. Lorsque la *diligence* reprenant sa marche fût arrivée près de la croix *Coquillon*, si connue des habitants de Chaumont et même des alentours, Antoinette montrant par la portière aux personnes de l'intérieur la petite lampe qui brûlait dans la maison paternelle située en face sur le coteau voisin, se prit à dire d'un ton ému : « Voici l'heure où mes parents vont se mettre à table ; que le bon Dieu les comble de ses plus chères bénédictions et des miennes. » Naturellement les voyageurs furent surpris de ces paroles ; elle seule semblait ne pas se douter qu'elle venait d'être sublime. C'est un témoin de la scène qui l'a racontée plus tard à la famille et il paraissait encore sous le coup d'une admiration sincère.

Nous lisons dans les *Missions catholiques* qu'un missionnaire des Vosges (1) n'osa point

---

(1) M. Petitnicolas, martyrisé en Corée l'an 1866.

non plus affronter les larmes de sa mère et passa tout près de sa demeure sans y entrer. « Cela me faisait mal au cœur, disait-il, mais il était plus sage d'agir de la sorte. » Je suis de son avis.

Point d'incidents connus pendant le voyage. Après trente heures de marche, le postillon fait claquer son fouet longtemps et d'une manière superbe; l'énorme véhicule franchit les portes de la capitale, fait résonner les vitres de la rue et s'arrête enfin devant le Coq-Héron (1).

Antoinette à sa descente de voiture trouve deux *Sœurs grises* qui la saluent et la conduisent à la maison bénie, tant désirée de son âme.

La postulante est devénue novice.

Nous ne savons absolument rien du temps qu'elle passa au noviciat, mais il est à croire que telle se montra la postulante, telle se montre la novice, avec un accroissement de grâces et de vertus qui préparent son entrée

(1) Ancien hôtel où s'arrêtaient les *diligences* d'autrefois *pour tous les pays du monde.*

dans l'apostolat, c'est-à-dire la vie active des Filles de la Charité. Nous pouvons dire sans crainte de nous tromper, que quand elle sortit du Cénacle où l'Esprit-Saint façonne ses ouvriers, elle emporta avec elle le feu sacré du divin amour et se trouva prête à le répandre autour d'elle, et sur les heureux du siècle qui souvent sont les plus indigents devant Dieu, et sur les déshérités de la fortune, auxquels il faut rappeler plus d'une fois, malheureusement, qu'ils sont les frères de Jésus-Christ, ses privilégiés et les plus proches héritiers de son royaume. Hélas ! que de pauvres aujourd'hui ne connaissent plus guère la haute dignité de leur condition et ne savent plus que Dieu a été pauvre comme eux et pour eux.

Les six mois réglementaires du noviciat étant écoulés, Antoinette reçut cornette et robe grise, puis fut envoyée à Saint-Etienne du Mont, sous le nom de sœur Thérèse.

Dans les communautés religieuses, la cérémonie de la prise d'habit est solennelle, environnée d'une pompe et d'un éclat particuliers qui indiquent avec le monde une éclatante rupture. On y convoque les parents, les amis, les connaissances pour en être les témoins. Ordinairement les vierges qui se consacrent à Dieu revêtent pour ce jour les livrées du siècle et de la vanité, puis rejettent avec dédain ces couronnes et ces fleurs qui se flétrissent si vite et si tôt, pour recevoir le voile et la bure de la main du pontife du Seigneur, en présence des saints autels. Rien de pareil au séminaire de la rue du Bac ; point d'éclat, point de cérémonies, point d'appareil, point de discours d'aucune façon pour la prise d'habit. Une retraite prépare les novices, puis un beau matin, le jour d'une fête, on leur donne au dortoir la cornette avec la robe grise et tout est fini; ni parents, ni amis, ni voisins n'ont rien vu, une lettre leur apprend la chose et il n'est plus question de rien.

Je vais étonner peut-être quelques personnes en disant ici que les Sœurs de Charité ne sont point Religieuses et que saint Vincent de Paul leur père et fondateur a voulu qu'elles s'appelassent simplement : Filles de la Charité, humbles servantes des pauvres, maudissant

celui qui voudrait en faire des Religieuses.
Voilà un titre bien petit, dira quelqu'un; moi,
je le trouve beau, même sublime et il brille
d'un éclat particulier parmi les étoiles de la
couronne et les pierres précieuses qui ornent
le vêtement de notre sainte mère l'Eglise.

CHAPITRE IV

Suivons maintenant sœur Thérèse à Saint-
Etienne du Mont. Telle que nous la connaissons, nous ne serons pas étonnés de la voir
marchant à grands pas dans la voie de la perfection et répandant autour d'elle les trésors
de bénédictions qu'elle a amassés pendant sa
retraite du séminaire. Mais avant de parcourir
ses œuvres, écoutons ce que nous disent de
ses vertus les personnes qui l'ont intimement
connue, afin de ne pas faire de l'imagination
et de ne point tomber dans la poésie de l'inconnu.

Nous continuerons ce récit en empruntant
les paroles d'un missionnaire « qui a lu dans
sa belle âme comme dans un livre ouvert, et
s'est trouvé à même de comprendre tout ce
qu'elle renfermait de trésors de foi, d'hu-

milité, de charité, de mortification. » Enfin, nous prendrons çà et là dans un petit nombre de lettres échappées au feu, quelques mots où elle s'est peinte elle-même sans le savoir. Ils seront, à vrai dire, les plus purs coups de pinceau dans ce cher portrait que nous esquissons rapidement pour le confier ensuite à l'admiration et à l'amour de sa famille. Ceux qui ont connu de son vivant sœur Thérèse le trouveront bien imparfait, mais il suffira pour en donner une idée aux autres et faire regretter vivement aux amis de la vertu, de n'avoir pu contempler de leurs yeux l'original dans toute sa beauté. La copie est toujours pâle en face du modèle.

Mais par où commencer et par où finir en parlant des vertus de sœur Thérèse ?... Si par hasard un étranger se présente pour visiter un parterre semé de mille fleurs choisies, différentes de taille, de formes, de couleurs, de parfums et demande au jardinier quelle est la reine de ces fleurs, le jardinier très embarrassé ne sait à laquelle décerner la couronne, les trouvant toutes parfaites dans leur genre et concourant également à la beauté de son jardin. Nous sommes ce jardinier et nous disons au lecteur de ces pages qu'il regarde et choisisse lui-même celle des vertus de sœur Thérèse qui lui plaît davantage. Toutes se tiennent par la main et présentent une beauté particulière.

« La vie de sœur Thérèse, dit la Chronique de la maison, nous offre dans son ensemble l'application sensible de cette maxime de l'auteur de l'Imitation : Etablissez d'abord la paix en vous-même et vous pourrez ensuite la procurer aux autres...

« Toujours calme et sereine, elle vécut en paix avec elle-même et avec tous ; elle passa sans bruit, sans renom, mais amassa jour par jour des trésors de mérite dont elle jouit aujourd'hui dans le ciel, nous en avons la ferme espérance... » Et plus loin :

« Elle vécut en faisant le bien sans éclat, mais d'une manière solide et fructueuse. »

Ailleurs : « C'était une âme humble, s'effaçant toujours, ne faisant aucun bruit du bien qu'elle accomplissait, généreuse et régulière, ne comptant jamais avec la fatigue ou les sacrifices quand il s'agissait de contenter Dieu et de faire son devoir. »

Une de ses compagnes qui ne l'a jamais quittée et lui a survécu s'exprime ainsi : « Ma sœur Deshayes a commencé sa vie de communauté avec l'esprit de saint Vincent de Paul, a passé ses trente-six ans de vocation dans la pratique de toutes les vertus qui en sont la base, et s'est constamment efforcée de les élever à leur plus haut degré de perfection, dans son cœur et dans l'âme de tous ceux qui lui étaient confiés. »

« Empruntant, dit le P. Mellier, les paroles que nous récitons tous les jours dans l'oraison de notre bienheureux Père (1), on peut dire *qu'elle aimait tout ce qu'il a aimé, honorait tout ce qu'il a honoré,* et qu'elle a réduit en œuvres tout ce que cet admirable apôtre de la charité nous a enseigné par sa parole et son exemple.

« Son humilité qui n'a pu toujours cacher tant d'efforts et de fatigues et aussi tant de

____

(1) Saint Vincent de Paul.

succès et de triomphes, n'eût jamais permis qu'on rappelât une seule des bonnes œuvres si nombreuses qui ont rempli sa trop courte existence. » Elle s'en fut alarmée outre mesure et se fut plainte à Notre-Seigneur de ce qu'il punissait trop durement ses péchés en lui envoyant de si grosses humiliations, et se fût arrêtée peut-être dans la carrière où elle semait tant de bienfaits.

Elle aimait, elle chérissait de toute l'ardeur de son âme cette vertu d'humilité sans laquelle le simple chrétien est un non sens et le Religieux une abomination devant Dieu.

« Je viens d'être heureuse, écrit-elle à son frère, de faire la retraite spécialement destinée aux Supérieures. Nous étions plus de cent un peu de tous les pays de France et de l'étranger et nous sommes allées faire la sainte communion à St-Vincent, deux à deux, la Mère générale en tète ; je t'assure que cela était touchant. Imagine-toi ta pauvre sœur parmi tous ces grands et saints personnages ; Vraiment j'en étais confuse et je me disais : Mon Dieu, qui suis-je auprès de si grandes saintes ? » Et plus tard : « Quand je me vois

chargée de la conduite de Sœurs plus ver-
tueuses que moi, recevant d'elles des atten-
tions aussi respectueuses que filiales, je
t'assure, bien-aimé frère, que cela me confond
étrangement. »

Voilà certainement de l'humilité de bon aloi
et non pas de celle qu'on suspend au clou,
selon l'expression singulière du B. Rodriguez,
et qu'on décroche selon les circonstances
comme une vêtement de parade. Sœur Thérèse
dit ce qu'elle pense et pense ce qu'elle dit,
elle ne connaît pas l'art funeste de déguiser
sa pensée...

Mon Dieu, quelle foi dans sœur Thérèse ! Le
Seigneur dit que son *juste vit de la foi* (1) ;
nous pouvons bien dire que sœur Thérèse
vivait de la foi et que son âme s'en nourris-
sait comme le corps se nourrit de terrestres
aliments. Elle voyait Dieu partout, et sa main
dirigeant les grands événements comme les
choses les plus ordinaires de la vie. Lorsqu'elle réussissait dans ses entreprises, « Dieu

____

(1) Epit. aux Hébr. **x,** 38.

l'avait regardée d'un œil favorable » et elle lui chantait des actions de grâces ; si elle ne réussissait pas, « Dieu ne l'avait pas voulu » et elle le remerciait également en se soumettant à sa volonté. « Tu es né sous une bonne étoile, dit-elle à son frère, Dieu se plaît à faire pleuvoir sur toi ses grâces spirituelles et temporelles ; aussi, à lui seul l'honneur et la gloire et mille actions de grâces. » « J'ai échoué dans ma démarche, lui écrit-elle une autre fois, l'heure de Dieu n'était pas venue, mais elle viendra certainement, remercie-le d'avance... »

Dans le prêtre elle voyait, non point comme tant d'autres personnes, un homme honnête exerçant une honorable profession, mais *le ministre du Dieu très-Haut, le dispensateur de ses mystères,* selon la parole de saint Paul, et l'homme disparaissait à ses yeux ; aussi lorsqu'elle le rencontrait, si la chose se pouvait faire sans inconvénient, elle se jetait à ses pieds simplement, bonnement, sans affectation, le priant de la bénir. Elle était avide de bénédictions. Toutes les fois que son frère allait la voir à la capitale, après les courses nécessaires faites et les affaires terminées, après les doux entretiens de l'amitié fraternelle où se trouve une grande partie du bonheur d'ici-bas, au moment de la séparation, elle lui disait comme autrefois Jacob à l'Ange du Seigneur : « Je ne te laisserai point partir avant que tu m'aies donné ta bénédiction ; » alors elle mettait les deux genoux en terre et le frère bénissait la sœur, ou plutôt le prêtre bénissait la servante de Dieu et des pauvres.

Nous lisons dans la vie de la sainte Vierge par Marie d'Agréda, que la divine mère de Jésus se prosternait devant son Fils chaque fois qu'il sortait de la maison ou qu'il y rentrait, afin de recevoir sa bénédiction.

Un jour que ce frère lui demandait d'appuyer sa requête auprès d'un personnage haut placé elle répondit : « Je ne le connais pas, mais c'est égal, je vais lui écrire et je me servirai d'un moyen infaillible qui m'a toujours réussi. » Or cet infaillible moyen était d'employer en guise de sceau pour cacheter sa lettre, la Médaille Miraculeuse de son chapelet.

Voilà deux traits bien petits, bien humbles

qui selon moi indiquent une foi peu ordinaire et rare de nos jours.

Mais ce qui caractérisait sœur Thérèse et faisait pour ainsi dire le cœur de sa vertu, c'était *la bonté*. Je parlerais plus juste en disant qu'elle était *tout bonté* et que sa vie entière de Religieuse ne fut qu'un exercice continuel de *bonté*, un acte unique de *bonté*. Cette qualité naturelle que nous avons déjà remarquée en elle, surnaturalisée, divinisée pour ainsi dire par le souffle de la grâce, devint cette charité brûlante qui consuma la servante des pauvres et se manifesta par un zèle dévorant pour la gloire de Dieu, et un amour insatiable pour les membres souffrants de Jésus-Christ. Le divin Maître s'était immolé pour les hommes et leur avait donné jusqu'à la dernière goutte de son sang ; sœur Thérèse ne pouvant à son exemple mourir pour eux, leur donna tous les instants de sa vie, tous les souffles de son âme, je dirais presque toutes les palpitations de son cœur. C'est ce que nous verrons pendant les trente-six ans qui vont rapidement passer sous nos yeux marqués du sceau de cette belle uniformité.

C'est vers cette époque que la Fille de St Vincent de Paul reçut une visite inattendue qui la remplit de la joie la plus douce et la plus suave. Elle n'avait tué ni son cœur ni son âme, Dieu ne l'ordonne pas, elle n'avait fait qu'en régler les mouvements et les affections.

Il y avait longtemps déjà que Mme Deshayes n'avait vu sa fille et les années lui paraissaient bien longues ; deux lettres par an, et bien courtes encore, ne suffisaient pas à sa ten-dresse ; il y avait d'un autre côté peu d'espoir que celle qui les écrivait viendrait à Chaumont, elle l'avait dit. Que fait Antoinette ? Comment se trouve-t-elle sous son nouveau costume ? Est-elle changée ? Songe-t-elle à nous ? Est-elle malade ? On ne dit pas tout dans ces maisons-là ! Il faut que je la voie... Voilà ce qui se répétait souvent le soir au foyer de N.-D. de Lorette. Bref, le cri de la nature que Dieu ne condamne pas appelait Mme Des-hayes à Paris. Au moins j'aurai des nouvelles certaines et nous ne serons plus dans l'inquié-tude, disait-elle à son mari.

Un beau matin donc, ne pouvant plus y tenir, elle prend la *diligence* et se dirige vers

la capitale pour voir sœur Thérèse, sans
s'occuper de savoir comment elle la trouvera,
sans prendre son adresse autrement que dans
sa mémoire, et sans paraître s'inquiéter le
le moins du monde. Elle s'imagine naïvement,
sans doute, que comme à Chaumont tous
connaissent sœur Thérèse et que, si la mémoire lui fait défaut, le premier venu lui indi-
quera son domicile. La voilà au milieu de
Paris ; elle marche et marche longtemps, le
panier au bras, sans rencontrer sœur Thérèse
et finalement commence à croire que la chose
est moins facile qu'elle l'avait pensé. Paris est
grand vraiment, que de maisons, se dit-elle, que
de monde ! Cela lui fait oublier la rue et le
numéro. Mais sans se décourager elle marche
et marche encore, confiant discrètement au
bon Dieu l'embarras où elle se trouve et lui
demandant de l'en faire sortir d'une façon
quelconque.

Arrivée sur la place Notre-Dame, elle se
décide à faire des questions. Par hasard passe
un Monsieur bien mis, d'une figure qui inspire
la confiance. Mme Deshayes s'adresse à lui
sans préambule et lui demande en toute sim-

plicité où *demeure la sœur Thérèse*. Le Monsieur regarde avec un certain étonnement cette naïve femme des champs et lui fait répéter sa question, n'étant pas sûr d'avoir bien entendu.

Cette fois il a parfaitement compris, il se prend à sourire d'une manière bienveillante et dit : « Venez ma bonne, je vais vous y conduire ; » et les voilà qui cheminent ensemble. « Oh ! Monsieur, je vous remercie ; c'est vraiment la Providence qui vous a mis sur mon chemin, sans vous je ne sais comment j'aurais fait, j'aurais été obligée peut-être de retourner à Chaumont sans avoir vu sœur Thérèse... Votre Paris est si grand ! » — Mais, lui dit le Monsieur, vous tenez donc bien à la voir, sœur Thérèse ? Vous la connaissez donc bien ? — « Si je la connais ? Oh ! oui monsieur, je la connais, c'est ma fille. » — Et une brave fille, dit le Monsieur.

Pendant que Mme Deshayes racontait ses appréhensions et s'extasiait sur la grandeur de Paris, elle arrivait avec son guide devant une porte cochère à St-Etienne du Mont. Le Monsieur sonne, introduit Mme Deshayes, demande sœur Thérèse et présente la mère à la fille ; c'était le médecin de la maison.

Le fait raconté au retour par son auteur, à peu près dans les termes que nous venons de rapporter, étonna les auditeurs, qui cependant n'osèrent pas le révoquer en doute, car Mme Deshayes n'avait *jamais menti*. Elle seule n'était point émerveillée, seulement elle ajouta en guise de conséquence pratique : « J'étais une sotte ; une autrefois j'écrirai *la rue et le numéro*. »

Cette histoire rappelle celles si admirablement racontées par saint Grégoire-le-Grand, et dans lesquelles on ne sait ce qu'il faut admirer davantage, ou la naïve simplicité des chrétiens de ce temps-là, ou la bonté de Dieu qui exauce toujours la prière de ses fidèles serviteurs et les tire des plus petits embarras.

CHAPITRE V

Celui qui sait bien obéir saura bien commander; voilà un vieil adage fondé sur l'expérience et qui, mis à la porte de la société moderne, ou peu s'en faut, par le progrès de la civilisation, s'est réfugié dans les cloîtres et les monastères où il trouve encore son application pour le salut du monde. Commander est chose difficile, c'est l'art par excellence, et ne l'exerce pas qui veut. Ceux qui n'ont jamais fait qu'obéir à leurs caprices n'en sont pas capables et, à moins d'un miracle, ne sont que des tyrans insupportables qui immolent la liberté des autres sur l'autel de leur fantaisie...

Depuis sept ans, sœur Thérèse s'exerçait dans la carrière de l'obéissance et attirait sur elle le regard de Dieu en même temps que celui des hommes ; ses Supérieurs jugèrent qu'il était temps de la mettre sur le chandelier, malgré sa modestie, comme une lampe ardente et luisante, de la faire sortir du milieu de ses compagnes pour l'établir avec *les princes et les gouverneurs* du beau royaume de la Charité. Sœur Thérèse fut envoyée aux Blancs-Manteaux et devint *Sœur Servante* de la maison établie sur cette paroisse.

Beau titre aux yeux du chrétien, mais ridicule aux yeux du monde, que celui de *Sœur Servante*. Oui, la Fille de la Charité qui devient Supérieure est la *servante* de ses compagnes, la *servante* des malades, la *servante* des pauvres, la *servante* de tous les infortunés si nombreux sur la terre. Le Souverain Pontife, vicaire de Dieu, roi des âmes et chef des peuples, s'intitule aussi *le serviteur des serviteurs de Dieu*. C'est la traduction des paroles de Notre Seigneur : « Celui qui veut être le premier parmi vous, qu'il se fasse le plus petit. » Singulière royauté que la royauté du chrétien ! l'abjection est son trône, le mé-

‘pris son sceptre et les humiliations sa couronne! Ce fut celle de sœur Thérèse.

La paroisse des Blancs-Manteaux porte ce nom, parce qu'autrefois, lorsque les maisons n'avaient point encore envahi le quartier du Marais, il y avait un vaste monastère dont les Religieux (1) portaient de grands manteaux blancs.

La maison des Blancs-Manteaux n'est point un hôpital, mais simplement une *Maison de charité* comme dit la Chronique, une maison de secours, un dispensaire, un de ces établissements nés du souffle de la foi catholique, qui ne s'épanouissent pas sous le soleil des églises séparées de l'Eglise romaine, la seule vraie Eglise de J.-C. Dans la *Maison de charité* les pauvres trouvent des secours, les malades des remèdes, les ignorants l'instruction, ceux qui pleurent des consolations, ceux qui tombent une main amie pour les relever, ceux qui sont abattus par le désespoir une voix qui les rappelle à l'espérance

(1) Ces Religieux s'appelaient Camaldules.

de meilleurs jours, le petit orphelin une demeure, les caresses d'une mère, le sourire des frères et sœurs d'une nombreuse famille. O chers et précieux établissements de la foi de nos pères, pourquoi se trouve-t-il des langues pour vous blasphémer et des bras pour vous détruire? C'est le MÉCHANT qui a fait cela, et l'homme sans foi est l'ouvrier fatal qui fait l'œuvre du MÉCHANT, l'œuvre du démon.

Voyons sœur Thérèse à son poste. « La maison des Blancs-Manteaux manquait depuis longtemps d'une direction ferme et régulière par suite de l'âge et de l'affaiblissement moral de la dernière *Sœur Servante*. Il fallait donc une âme bien pénétrée de l'amour de Dieu et de l'esprit de saint Vincent pour y faire refleurir l'exacte observance et les belles vertus qui constituent les bases de notre saint état. Ma sœur Deshayes fut cette âme; Dieu la choisit et elle se montra toujours à la hauteur de sa mission.

« On comprend quelle influence elle exerça sur ses bonnes compagnes de la paroisse. Douée d'une patience inaltérable, elle ne s'étonna pas de sa tâche et par une grande douceur et une fermeté intelligente, elle eût bientôt rétabli dans la famille et parmi les orphelines qui lui étaient confiées, un excellent esprit qui n'a fait que s'accroître tant qu'elle a vécu. »

En peu de temps la maison prit un aspect tout nouveau de fraîcheur et de vie, comme ces édifices négligés et vieillis qui reprennent un air de jeunesse sous la main d'un maître jeune et intelligent.

L'intérieur de sa maison réglé, sœur Thérèse jette un regard au dehors afin de reconnaître la position, et je suis tenté de dire que ce fut un coup d'œil d'aigle. Du haut d'une éminence, sur un trône d'or, Xercès, le roi des Perses, contemplait avec orgueil passer devant lui les innombrables bataillons de ses soldats ; sœur Thérèse, du haut de la montagne de la charité, vit défiler devant elle l'immense armée des misères humaines, et ce ne fut point l'orgueil et la fierté qui soulevèrent son âme, mais une compassion sans limites, comme celle du Sauveur à la vue des multitudes qui le suivaient au désert et n'avaient rien à manger. Les entrailles de sœur Thérèse furent bouleversées et elle se dit à elle même : « J'ai grande pitié de ces malheureux, je veux les nourrir et je les nourrirai ; comme le divin Maître, je dirai à mes apôtres, c'est-à-dire à mes compagnes : Faites les asseoir et donnez-leur la nourriture dont ils ont faim. »

La première et la plus grande des misères qui émurent le cœur de sœur Thérèse, fut la misère morale. Hélas ! Seigneur, qu'il y en a dans le quartier des Blanc-Manteaux et qu'il est difficile d'y remédier ! Mais « rien n'échappe aux ardeurs de son zèle, à l'activité infatigable de son courage, à son intelligente et ingénieuse charité. »

En faisant ses courses de chaque jour, en visitant ses pauvres et ses malades, elle rencontre souvent des vieillards arrivés sur le seuil de leur éternité sans avoir la moindre notion de Dieu ni de leurs devoirs, sans savoir s'ils ont une âme, moins avancés sous ce rapport que les payens de l'Océanie et des îles perdues de l'Atlantique ; à peine ils se rappellent qu'ils ont été baptisés et qu'ils ont fait leur première communion ; plusieurs n'ont reçu ni l'un ni l'autre de ces sacrements et ils ont grandi, ils ont vécu au milieu de cette civilisation où se trouvent plus de vices que chez les sauvages de l'Amérique. S'ils ont entendu parler de la religion, c'était pour la blasphémer ; des prêtres, c'était pour les maudire ; la plupart avaient assisté aux Saturnales de la Révolution, aux fêtes de la déesse Raison à Notre-Dame où à celles des Saisons au Champ de Mars, et s'étaient trouvés mêlés aux processions payennes du char de Cérès traîné par des *bœufs aux cornes dorées*, en un mot à toutes les orgies d'un peuple égaré qui a perdu le bon sens, et se croit pour ce motif, le modèle et l'admiration de l'univers.

Que faire ? la mort est là qui se tient au chevet des malheureux vieillards, la faux à la main ; encore un peu de temps et le fil de leurs jours sera tranché et les malheureux tomberont dans l'enfer. Sœur Thérèse en a le cœur navré ; elle confie sa peine au Seigneur Jésus, puis reprend courage ; elle visite, elle parle avec douceur, elle plaint, elle compatit, elle sourit avec bonté, elle instruit, fait entrevoir une autre vie, l'espérance, le bonheur qui souvent n'est jamais entré dans la pauvre mansarde; elle revient avec des paroles plus consolantes, plus douces encore que la première fois, presse un peu plus et finit par persuader; il y a tant de bonté, tant d'amour dans sa voix et son regard ! Les préjugés sont tombés; un prêtre arrive, il est bien accueilli, reste seul pendant quelque temps avec le moribond puis s'en va et quand il est parti, le pauvre infortuné est calme, même on surprend une larme autour de ses paupières à demi éteintes, il est résigné et il attend avec une douce paix la mort qui l'effrayait ou qu'il appelait en désespéré par des imprécations, comme un terme à tous ses maux. Le prêtre revient lui apporter le Pain des forts et ce vieillard, muni des sacrements de l'Eglise, expire portant sur ses traits le signe de l'espérance chrétienne.

Ordinairement sœur Thérèse est là qui prie dans un coin et remercie le Seigneur. Que d'âmes lui doivent ainsi les consolations de la dernière heure et sans doute une place au Ciel !

Parfois cependant elle rencontrait de sérieux obstacles qui eussent rebuté une âme moins fortement trempée. Elle savait attendre et sa persévérance était à la fin couronnée du succès. « Prions et attendons, disait-elle ; l'heure du bon Dieu viendra, ce n'est pas à nous de la choisir ; si nous ne réussissons pas, c'est que nous prions mal ou pas assez. » Alors elle redoublait de ferveur et mettait en réquisition toutes les personnes pieuses de sa connaissance, jusqu'à ce qu'elle eût triomphé de Dieu, pour ainsi dire, et l'eût forcé d'accorder la grâce de la conversion.

C'est ce qui arriva pour un vieillard voisin de la maison des Blancs-Manteaux.

Cet homme était fort riche et se moquait avec le fin sourire du Voltairien des cornettes, béguines, tricornes et autres choses ridicules qui déshonorent l'humanité selon lui, ou plutôt sélon les docteurs de mensonge auprès desquels il avait puisé toute sa science. Le cher homme n'était cependant point méchant ni foncièrement dépravé, mais il avait été élevé dans les mauvaises doctrines du XVIIIe siècle, et avait fait ses délices de la lecture des livres pervers ; il avait salué la Révolution comme la grande *Emancipatrice* (1) du genre humain, selon le langage du temps, avait regretté le retour du culte et de la *Superstition* (2) et en fin de compte était resté franchement impie, ennemi de Dieu et de ses Saints.

Ce vieillard, beau débris de son siècle, avait près de cent ans, mais il était robuste encore et jouissait de toutes ses facultés intellectuelles. Il ne pensait guère à faire ses préparatifs pour le grand voyage, regardait la mort en ricanant et n'y songeait pas autrement que le bœuf dont on jettera le cadavre à la voirie.

Sœur Thérèse voyant avec peine cette âme sur le point de tomber en enfer résolut de l'arracher aux griffes de Satan. Elle se mit à l'œuvre d'abord avec la prière et la mortification, ses armes favorites, sachant bien que toute l'habileté de l'homme est inutile si Dieu ne la seconde, puis elle entra en campagne. Sous

(1) Si ce mot signifie quelque chose, il veut dire que *l'émancipé* ne reconnaît plus personne pour maître, ni Dieu ni les hommes.

(2) On appelait ainsi la religion catholique.

divers prétextes elle se fit admettre chez le vieillard, lui témoigna un vif intérêt, le mit dans la confidence de ses bonnes œuvres, osa même lui demander de l'argent pour ses pauvres et finit par chasser les préjugés, de sorte qu'il vit sans déplaisir la *cornette blanche* franchir le seuil de sa chambre et se plut même à ses conversations. Elle était si bonne, sœur Thérèse, que c'était merveille à l'entendre !

Un jour elle lui dit en riant : « Votre maison est trop grande pour vous et la nôtre est si petite que nous y sommes bien à l'étroit, il faudrait donc nous vendre votre maison, mais ce serait encore mieux de nous la donner. Oh ! comme Dieu vous bénirait. » Le vieillard n'avait jamais entendu parler de cette façon ; il fut surpris d'abord, puis je ne sais sous quelle impression venue à la suite de je ne sais quelle idée, il se prit à sourire comme il n'avait fait depuis longtemps, sans rien dire. « Je suis bien hardie, monsieur, continua Sœur Thérèse, mais vous êtes si bon que j'ai toute confiance en vous et ne crains pas de vous proposer une bonne œuvre à faire. »

Le vieillard, philosophe au cœur sec et dédaigneux qui méprisait l'humanité et suivait exactement toutes les maximes du plus pur égoïsme, fut étonné et presque ému de s'entendre dire : « Vous êtes si bon ! » C'était la première fois que cette parole frappait ses oreilles, sa figure changea, et sans répondre, il congédia sa visiteuse d'un air qu'il s'efforçait de rendre froid et insensible, en employant toutefois les formules irréprochables d'une politesse réglementaire. Mais il avait une flèche au cœur et cette flèche y fit une blessure salutaire.

Sœur Thérèse, pour faire avancer l'œuvre de Dieu, se mortifia plus durement, pria et fit prier toute sa maison sans dire pourquoi, mais tout le monde comprit qu'il y avait une entreprise extraordinaire en chemin. Alors Dieu lui envoya une de ces pensées qui sont l'éclair dans la nuit et montrent la route à suivre. Elle invita le vieillard à visiter sa maison et ses petites orphelines. Le vieillard y consentit, sans se rendre compte d'une détermination si nouvelle pour lui ; il commençait à se trouver ridicule à ses propres yeux ; mais il avait donné sa parole, il s'exécuta.

Les voilà donc, lui et sœur Thérèse, traversant la petite cour où il y a peu d'air et guère de soleil, encore est-elle habitée par une chèvre qu'on nourrit de choux et d'autres légumes afin d'avoir du bon lait pour les poitrines délicates ; ils montent les escaliers étroits et mal éclairés qui conduisent aux étages supérieurs ; parcourent le dortoir des enfants où les lits sont bien serrés ; visitent la pauvre chapelle. ouverte par hasard, où sœur Thérèse demande au bon Dieu par une oraison jaculatoire tout enflammée, « qu'il lui accorde son homme ; » redescendent à la pharmacie dont l'antichambre est encombré de malades, d'estropiés, de malheureux de toute nature ; enfin, tombent au milieu des classes où manœuvrent les orphelines, depuis les plus petites qui distinguent à peine leur main droite de leur main gauche, jusqu'aux plus grandes qui ont déjà vu passer dix-sept à dix-huit printemps.

Jamais spectacle pareil n'avait frappé les yeux du vieillard ; la vue de ces enfants de toute grandeur et de tout âge, propres, modestes, à la mine un peu pâle mais bonne et franche, qui lisent, écrivent, chantent et travaillent des doigts sous la direction de Sœurs jeunes, intelligentes et dévouées, lui dit quelque chose au cœur. Il finit par penser qu'il y a du bon chez ces filles de bonne maison qui s'affublent, il est vrai, d'une façon déraisonnable, mais vouent leur jeunesse, leur santé, leur vie à ramasser dans la rue, à nourrir, élever, instruire ces enfants abandonnées, pour en faire des personnes honorables et utiles à la société. Il réfléchit longtemps, longtemps. Bref, il ouvrit à Dieu qui frappait doucement à la porte de son cœur; le philosophe était converti et l'œuvre de sœur Thérèse accomplie. Le prêtre ne lui inspira plus de mépris, mais devint son consolateur, son maître, son ami, son père, reçut son dernier soupir et lui ferma les yeux au moment de son entrée au séjour des Elus, dans la bienheureuse éternité.

Sœur Thérèse dans la jubilation entonna un *Te Deum* d'actions de grâces au Dieu des miséricordes qui « se sert de vils instruments pour exécuter de nobles choses, » disait-elle.

La maison *de Charité* des Blancs-Manteaux occupée aujourd'hui par les Filles de saint

Vincent de Paul, est celle du vieillard cente
naire dont nous venons de raconter la conversion et le passage de cette vie à une vie meilleure.

Couronnons ce que nous venons de dire du
zèle de sœur Thérèse pour le salut des mori-
bons par ce passage de la Chronique : « Prudente
et simple suivant la parole du divin Maître,
elle pouvait aller en toute sûreté au milieu des
loups ; patiente à l'excès, elle ne savait pas se
rebuter des refus et désespérer du salut d'un
impie, ni de l'infinie miséricorde de Dieu
envers les plus grands pécheurs ; adroite et
habile, mais en la manière qu'enseigne l'Evangile, elle savait s'insinuer, gagner leur confiance, puis aborder la grande et difficile
question, et arracher sur le bord même de
l'abîme de nombreuses victimes à Satan. »

Après les vieillards moribonds, les hé-
rétiques et les infidèles attiraient les regards
vigilants de sœur Thérèse. « Elle savait les découvrir et réussissait à les tirer des ténèbres de
l'erreur, puis elle donnait à la cérémonie de
leur abjuration une solennité qui attachait

irrévocablement à la vraie religion ces âmes éclairées par les lumières de la doctrine catholique. »

« Je suis allée, écrit-elle le 29 janvier, jour anniversaire de la conversion de M. Ratisbonne, au baptême de six Juifs dont l'un était de notre quartier. Cette belle cérémonie a eu lieu dans la chapelle de M. Ratisbonne aîné qui a fait les baptêmes. C'était vraiment ravissant. » L'humilité l'empêche de dire qu'elle était la complice zélée de toutes ces conversions, et l'auxiliaire infatigable des prêtres courageux qui vont à la chasse des âmes pour les amener à Jésus-Christ ; ce qu'indique clairement la Chronique dans le passage suivant :

« Elle visitait assidûment les pauvres familles juives de son quartier, tant pour les retirer de l'erreur que pour baptiser à l'article de la mort les chers petits enfants qu'elle envoyait au ciel. »

Les protestants n'étaient pas plus à l'abri de son zèle que les juifs, et un bon nombre lui durent l'insigne avantage de rentrer dans le giron de notre sainte mère l'Eglise catholique.

« Le 24 juin, jour du grand Pardon (1), j'aurai une belle fête dans notre chapelle ; deux jeunes protestantes, dont l'une de 22 ans, y seront baptisées et feront leur première communion. »

Celui qui écrit ces lignes se trouva par hasard à la fête et il peut dire qu'elle fut réellement belle, mais si belle et si touchante que le souvenir, après vingt ans, lui reste encore tout embaumé d'un agréable parfum. Lorsqu'il entendit les paroles de l'abjuration, si claires, si sonores et puis si tremblantes de foi, si mouillées des larmes de la componction et du bonheur ; lorsqu'il entendit la formule solennelle du Sacrement et que l'eau coula sur ces fronts régénérés ; lorsqu'il entendit les actes de foi, d'espérance et de charité avant la communion, prononcés par des voix pures et célestes sur un ton qui n'est point de la terre, il ne fut plus maître de lui-même et ressentit au plus profond de son âme ces

----

(1) Le grand Pardon de Chaumont, qui se célèbre toutes les fois que le jour de l'incidence de la fête de saint Jean est un dimanche.

fortes impressions qui ne s'effacent jamais. Chez les enfants catholiques, au jour de la première communion , le ton est convaincu sans doute, touchant si l'on veut, mais il y a quelque chose que je ne sais comment appeler, quelque chose d'apprêté, d'officiel, qui laisse les assistants presque voisins de la froideur; il y manque cette douce mélancolie d'une âme maîtresse d'elle-même, revenue des pays de l'égarement et jouissant de son bonheur d'une manière ineffable qui met dans la voix quelque chose d'inexprimable et pousse aux yeux des larmes brûlantes, mais suaves et délicieuses. Je n'ose pas dire que dans de tels moments on souhaiterait avoir passé par les mêmes sentiers, pour avoir les mêmes jouissances et éprouver le même bonheur.

Pendant toute la cérémonie, sœur Thérèse sourit ou pleura.

Mais il est d'autres cérémonies dont l'humble chapelle des Blancs-Manteaux fut témoin; cérémonies qui se faisaient sans pompe, sans apparat, sans bruit, dans le secret, en présence de Dieu seul et de ses anges. Le plus souvent elles s'accomplissaient hors du saint lieu, dans le sanctuaire du foyer domestique, et cependant elles ne réjouissaient pas moins que les autres le cœur de sœur Thérèse et celui de l'Eglise, mère désolée de nombreux enfants malheureux et coupables.

Dans ses courses que j'appellerai apostoliques à travers la grande cité, la *Sœur Servante* des Blancs-Manteaux rencontrait trop souvent cette plaie hideuse qui ronge la société et dessèche les sources de la vie ; je veux parler de ces alliances illégitimes nées du vice, de l'impiété, parfois d'une brutale ignorance et protégées toujours par l'ombre de l'inconnu qui plane sur l'immense capitale. Sœur Thérèse avait pitié, criait vers le Seigneur, priait, exhortait et finalement amenait ces âmes blessées par le péché devant le ministre du Seigneur qui les bénissait, et les réhabilitait aux yeux de Dieu et des hommes. « Mais cela ne suffisait pas, elle travaillait de la manière la plus persuasive à assurer la persévérance de ceux qu'elle avait réconciliés avec les lois de la morale chrétienne. »

Voilà les grandes œuvres de sœur Thérèse, des œuvres d'exception comme je les appellerai, maintenant nous allons entrer dans le détail de celles qui formaient le tissu de sa vie ordinaire, sans prétendre toutefois en donner un tableau complet, car les plus belles ont échappé aux regards des hommes et ne sont connues que de Dieu.

CHAPITRE VI

Sœur Thérèse dans sa cellule. — Les grandes orphelines. — Les petites orphelines. — Sa maternelle sollicitude. — Association des enfants de Marie. — Etrange sentiment d'une orpheline. — Un gros paquet. — A l'Hôtel-Dieu. — Solution du problème social.

Elle a étendu sa main vers le pauvre et n'a point mangé le pain dans l'oisiveté. Cette parole a été dite par la Sagesse éternelle de la femme forte, de la mère de famille qui craint Dieu et sait mettre l'ordre dans sa maison ; elle peut s'appliquer à plus forte raison à la *Sœur Servante* d'une maison de Charité qui voit ramassés autour d'elle les nombreux enfants de l'indigence et de la pauvreté. Oh ! non, elle ne mange pas le pain dans l'oisiveté ; tous ses instants sont comptés, distribués, et ils ne suffisent pas encore pour la besogne ; bien souvent même elle n'en a point trouvé pour prendre la nourriture nécessaire à la vie de ce pauvre corps, maltraité comme un esclave et mis aux travaux forcés. Il faut répondre aux besoins pressants et imprévus ; au malade qui se meurt, au maladroit qui se laisse écraser le pied dans la rue, à l'ouvrier qui tombe de son échafaudage, même aux personnes qui ne connaissent point le prix d'un quart d'heure, ni le règlement d'une maison bien ordonnée. Etre tout à tous, telle doit être la *sœur servante*, telle fut sœur Thérèse, « qui ne s'est jamais appartenue elle-même un seul instant pendant trente-cinq ans. »

La porte de sa cellule meublée en sapin était souvent ouverte à ces chrétiennes d'un rang honorable dans la société, qui veulent être miséricordieuses et faire le bien, mais sont toujours novices dans cet art divin et ne possèdent pas suffisamment la science de le faire comme il faut. « Les Dames de Charité venaient puiser près d'elle une sage direction et d'utiles conseils pour l'emploi de leur temps et de leurs aumônes, et aussi, pour leur avancement dans la solide piété. »

Elle était plus souvent encore ouverte « aux mères de famille visitées par les plus délicates épreuves ; elles trouvaient toujours dans sa charité compatissante les consolations les plus empressées et les plus efficaces, et apprenaient à son école à devenir plus fortes, plus résignées et plus chrétiennes. » Elles sont nombreuses ces femmes désolées, et elles ont besoin de verser l'amertume de leur cœur dans celui d'une amie. Mais dans le monde, où sont les amies qui savent consoler, auxquelles on voudrait confier les secrets les plus douloureux de son âme ? Elles sont bien rares et peut-être *à l'extrémité de la terre.* C'est à la Religieuse, l'âme de toutes les infortunes, qu'on s'adresse de préférence, parce qu'elle a des grâces d'état pour compatir, pour consoler, pour adoucir la souffrance d'une âme dans la peine. Qui comptera les cœurs blessés, ulcérés, dans lesquels la *Sœur Servante* des Blancs-Manteaux a versé le baume salutaire de l'espérance ?

Mais la porte de sœur Thérèse était ouverte surtout à la portion la plus chère de sa grande famille ; je veux dire aux orphelines dont elle était devenue la mère.

Autour d'elle se groupaient deux sortes d'orphelines ; celles qui n'avaient plus de parents et celles qui les possédaient encore, mais

étaient complétement délaissées sous le rapport religieux. Celles-ci ne sont pas moins
intéressantes que les autres, elles sont même
plus à plaindre, car elles se perdent tranquillement au sein de leur famille. Sœur Thérèse
le comprenait et le sentait vivement.

« On aurait peine à croire tout ce que son
cœur si brûlant d'amour pour Notre-Seigneur
Jésus-Christ dans la divine Eucharistie, souffrait de voir de grandes jeunes filles vivre au
milieu du monde sans avoir fait leur première
communion. En leur procurant cet inestimable
bonheur, elle voulait leur donner les joies
dont elles avaient été privées aux premiers
jours de leur adolescence, et l'on était étonné
du merveilleux génie qui lui faisait préparer
dans ces occasions, de ces fêtes qui font
couler de bien douces larmes et laissent dans
l'âme de délicieuses impressions. »

Elle ne les abandonnait plus jamais et les
dirigeait autant que faire se pouvait, les mettant dans son affection au même rang que
les vraies orphelines de sa maison, « les
entourant des soins les plus éclairés et
les plus maternels. » « Elle savait toujours

trouver des places honorables et sûres ou de lucratives occupations, à ces jeunes ouvrières que le désœuvrement ou le besoin pouvait exposer à de terribles séductions, et du fond du cloître et dans les différentes communautés, beaucoup de Religieuses peuvent dire qu'elles lui sont redevables de démarches actives ou de généreuses libéralités qui ont assuré leur vocation. »

« Et parmi nos sœurs qui liront ces remarques, combien aimeront à se rappeler avec le sentiment de vive et profonde gratitude qui ne s'efface pas des nobles cœurs, qu'elles lui doivent l'insigne bonheur ·d'être Filles de saint Vincent !... »

Mais comment dire l'affection, la tendresse, les soins plus que maternels qu'elle prodiguait aux enfants qui n'avaient réellement plus d'autre père, plus d'autre mère sur la terre **que** sœur Thérèse ; ses très-chères et très–aimées orphelines ? J'ai dit : des soins plus que maternels ; c'est une grande hardiesse de ma part et plus d'une mère voudra s'inscrire en faux contre cette parole, et cependant je crois que j'ai raison. Et vraiment plus d'une mère *ne*

sait pas aimer ses enfants en les aimant trop,
c'est-à-dire en les aimant mal, et ces enfants
trop aimés lui font verser plus tard des larmes
amères, tandis que ces mères adoptives en
qui la religion n'a point détruit le sentiment, les aiment d'un amour aussi chaud,
mais plus éclairé, plus intelligent, plus salutaire.

Sœur Thérèse recevait les enfants dès le
berceau, et les conservait jusqu'à l'époque de
leur établissement définitif dans le monde ou
la religion.

Il fallait la voir au milieu de ses chères
petites, les prenant sur ses genoux, leur souriant, les caressant, leur parlant, leur distribuant des bonbons avec de petites gronderies
ou des encouragements, et leur procurant
tout ce qui pouvait leur être utile soit pour le
corps soit pour l'âme. Aussi comme elle était
aimée, vénérée, *adorée !* C'était plus qu'une
mère, c'était une reine, reine respectée, obéie
jusque dans ses moindres désirs par ce charmant petit peuple, ces gracieux, ces aimables
sujets. « Persuadées qu'elle ne voulait que
leur bien, ces enfants se laissèrent gouverner

par sa prudente sagesse et devinrent aussi dociles qu'elles s'étaient montrées indisciplinées. Ce fut au point qu'elles n'avaient rien de caché pour elle et faisaient à sa prière les plus pénibles sacrifices. »

La sollicitude de cette mère bien-aimée redoublait à l'époque de la première communion. Que d'austérités, de mortifications offertes à Dieu ! Que de prières adressées au Ciel afin que ces chères petites la fassent bonne, bien bonne ! Que d'inquiétudes, de soucis ! Que de nuits passées sans sommeil, agitées souvent par la crainte et une sorte d'angoisse cruelle qui disparaissait seulement au lendemain de la grande solennité ! Elle savait que si le jour de la première communion est le plus beau jour de la vie, le jour du ciel pour le cœur innocent qui reçoit son Dieu pour la première fois, c'est aussi le jour le plus funeste, le jour de l'enfer pour l'enfant dont l'âme n'est pas pure et qui boit la mort aux sources de la vie. Pendant toute l'année elle répétait à ces bien-aimées enfants : « Soyez sages, mes chères petites, soyez bien sages afin de faire une bonne première communion ; oh !

quel malheur ce serait de ne pas bien la faire ! »

Non contente de les faire instruire par la sœur de classe, elle les accompagnait au catéchisme de la paroisse, puis souvent les faisait venir dans sa chambre l'une après l'autre pour s'entretenir avec elles de la grande affaire, recevoir leurs confidences et leur donner ses avis particuliers, de sorte que rien ne manquait à leur préparation.

Le beau jour venu, c'était fête de première classe pour elle, pour les enfants, pour la maison tout entière. Je ne veux point la décrire, je laisse à l'imagination de chacun d'en composer le programme, qui sera cependant au-dessous de ce qu'inventait l'ingénieuse affection de la mère Thérèse.

Les petites grandissaient; grandissaient en même temps les soucis d'après la maxime : *petits enfants petits maux, grands enfants grands maux.* Il fallait songer à leur avenir; il fallait les précautionner à leur entrée dans le monde contre les séductions et les périls sans nombre auxquels elles seraient exposées chaque jour, disons plus, chaque minute,

Mon Dieu, que de naufrages ! Qu'il est difficile à une jeune fille de conserver l'innocence de son âme dans la grande Babylone, et qu'il y a peu de lis dans une forêt d'épines ! Cette vue plongeait sœur Thérèse dans une grande tristesse, une tristesse souvent mortelle comme celle du prophète (1) découragé qui voulait mourir en voyant les abominations d'Israël. Mais elle ne se laissa jamais abattre et Dieu, sans doute, envoya son ange invisible pour la reconforter par une céleste nourriture et préparer les voies à sa dévorante activité. Se souvenant que dans le temps jadis elle voyait son père étayer les jeunes arbrisseaux de son jardin trop faibles pour se soutenir eux-mêmes, elle cherchait pour ses chères enfants des appuis pour les protéger contre les orages des passions, les coups de vent imprévus et les attaques multipliées du MÉCHANT.

« Il leur faut une solide instruction et une grande force de caractère, » disait-elle ; or le catéchisme de persévérance leur donnait l'instruction ; l'Association des enfants

(1) Le prophète Elie.

de Marie leur donnait la force de caractère ; de plus elle croyait fermement que la médaille de la très-sainte Vierge, portée avec foi et amour, était un solide bouclier contre les traits de l'ennemi. Elle avait tant de confiance en Marie Immaculée ! Elle enrôlait donc ses enfants, aussitôt que faire se pouvait, sous l'étendard sacré de la Reine des cieux.

L'Association des enfants de Marie créait une famille nombreuse dont les membres dispersés aux quatre coins de la capitale, se trouvaient réunis tous les mois dans la petite chapelle, autour de la Mère du ciel et de la mère aussi bien-aimée de la terre. Alors les bonnes résolutions prises en présence de cet autel, devant cette image vénérée, sous les yeux de cette mère aimante et dévouée, se reprenaient avec plus de force et de courage, et toute la famille protestait de nouveau qu'elle voulait pour Jésus-Christ seul vivre et mourir. Les tombées se relevaient, les chancelantes se raffermissaient, les fortes soutenaient les faibles et toutes se séparaient avec le désir de se revoir bientôt et de marcher droit jusqu'à ce moment.

Cela ne suffisait pas encore à l'inquiétude maternelle de sœur Thérèse; pour mieux assurer la persévérance des Enfants de Marie, elle avait imaginé de leur faire donner une retraite annuelle. « Comme elle ne faisait pas les choses à demi, elle voulait que toutes pussent prendre part à cet inestimable bienfait, et il y en avait des centaines dans Paris. »

« Dans ce but elle savait trouver des ressources incroyables pour indemniser les retraitantes du prix de leurs journées, et faire consentir les parents à leur laisser la liberté de suivre tous les exercices du matin au soir. Pour éviter des courses fatigantes et réitérées, elle leur offrait plusieurs repas par jour et assurait par ces moyens le succès complet de la retraite.

« Le temps consacré à ces retraites annuelles était toujours celui des vacances. Le local des classes alors libre et vacant, lui fournissait de vastes appartements que l'on transformait en chambres de travail, en salles de récréation, en réfectoire. Ces jeunes filles de quinze à vingt-cinq ans, venaient en très-grand nombre s'asseoir à une table commune abon-

damment servie ; le silence était ponctuelle-
ment gardé et la lecture très-attentivement
écoutée.

« Le jour de la clôture était une suite variée
d'exercices couronnant dignement la grande
œuvre : offices solennels, distribution de précieux souvenirs, fête extraordinaire au réfectoire, joyeuses récréations où la piété et le
recueillement n'avaient rien à perdre, sur-
prises de toutes sortes habilement ménagées,
etc., etc.

« Toute cette chère jeunesse était heureuse
et reconnaissante ; avec quel plein succès la
vénérée Supérieure, ou plutôt l'ingénieuse
mère de cette intéressante famille, avait
réussi à prouver que la religion a ses secrets,
ses ressources, ses joies, ses amabilités incon-
nues au monde, et à attacher à la pratique
persévérante des devoirs religieux toutes ces
ferventes enfants de Marie qui doivent faire
connaître et aimer autour d'elles la religion
du Dieu de charité ! »

Aussi, je ne suis plus étonné qu'une orpheline de père et de mère recueillie à l'âge de
six mois par sœur Thérèse, devenue enfant

de Marie, puis Fille de la Charité (1) à la maison même des Blancs-Manteaux, écrivait à un prêtre de ses parents au mois de juin 1863, ces paroles qui peut-être paraîtront étranges aux personnes peu versées dans les choses spirituelles : « Pour moi, je trouve que la plus grande grâce que Dieu m'ait faite, celle qui a été la base de toutes les autres, c'est de m'avoir enlevé mon père et ma mère dès le bas âge. » C'est dans ces retraites que Dieu lui avait fait connaître sa vocation et plus tard lui avait fourni les moyens de la suivre généreusement. La pauvre enfant voyait son oncle et sa tante bien loin des voies du salut et ne voulant pas y entrer malgré ses efforts, ses prières et ses larmes. « Je serais comme eux, disait-elle avec tristesse. »

Lorsque les orphelines étaient devenues trop nombreuses, comme les abeilles dans la ruche, sœur Thérèse les établissait convenablement soit dans le monde soit dans la religion ; quant aux autres, elle tachait de les éloigner le moins possible de la maison afin de veiller

---

(1) Sœur Augustine dont la famille est de Fayl-Billot.

plus facilement sur elles. Elle leur retenait des chambres dans le voisinage, leur procurait de l'ouvrage et se montrait toujours leur mère intelligente et dévouée, ou bien elle les mettait dans des maisons sûres où leur innocence serait à l'abri du danger.

Aucune avance ne lui coûtait quand il s'agissait de les placer.

Son frère lui réclame une démarche pour de graves affaires ; elle lui répond : « J'ai reçu ton petit mot hier, mais je te l'avoue, mon premier mouvement n'a pas été gracieux pour toi, je me suis dit : O mon Dieu, que me veut-il encore ce bon frère ? Non, je n'irai pas voir cette dame (1) ; je n'ai point de temps à perdre, la course est trop longue. Cependant en réfléchissant, j'ai pensé que cette visite serait bien agréable au bon Dieu et j'y suis allée quand même ; j'ai été heureuse de la rencontrer et j'ai fait d'une pierre *trois coups*, je lui ai parlé de tes affaires, des miennes qui sont de faire rehausser le préau des enfants, et puis du pla-

____

(1) Femme d'un ancien ministre.

cement d'une de nos grandes filles. Le bon Dieu a largement béni ma visite et m'a accordé le triple de ce que je lui ai donné; remercions-le ensemble de ses nombreux bienfaits. »

Mais souvent elle n'en était pas quitte à si bon marché. « Un *gros paquet* vient de me tomber sur les épaules, dit-elle à sa sœur; tu sais, la grande fille protestante que tu as vue faire sa première communion? Eh bien, voilà que ses parents ne veulent plus la voir parce qu'elle s'est rendue au catholicisme; elle m'est restée en *otage* comme ma propre fille, de sorte qu'il m'a fallu remplacer sa mère au moment de son mariage, et plus tard, quand elle est devenue mère, lui procurer *layette, parrain et marraine;* ce que j'ai trouvé parfaitement bien assorti à tous égards. Cette bonne fille me donne bien de la consolation et reste fervente chrétienne. » On voit que sœur Thérèse ne s'effrayait guère du *gros paquet,* s'en chargeait gaiement, se mettait à la besogne tranquillement, et faisait son affaire avec le secours du bon Dieu et de son Immaculée Mère.

Il faut avouer cependant quelle ne réussissait pas toujours aussi bien. Elle eût été trop heureuse, et le bon Dieu ne permet point cela sur la terre. En bon père, il éprouve ses enfants; à ceux qu'il aime il envoie des croix ; à ses privilégiés, il les multiplie presque sans mesure afin de se faire admirer dans ses saints.

Satan lui ravit plusieurs de ses enfants. Quand lui parvenait la nouvelle de cet affreux malheur, l'âme de cette femme doublement mère puisqu'elle leur avait donné presque la vie de la nature et celle de la grâce, était broyée et comme anéantie. Elle était si tendre ! Alors, elle baisait sa croix, se résignait et ne disait sa peine qu'au bon Dieu. « La chapelle était son refuge, et la sérénité de son visage lorsqu'elle en sortait était une preuve suffisante qu'elle y avait trouvé la paix, mais cette vraie paix inaltérable, telle que Jésus la donne aux âmes de bonne volonté. Ses compagnes, témoins secrets de bien des souffrances de notre chère Sœur, connaissaient si bien ses habitudes, qu'en la voyant plus souriante que de coutume elles se disaient : Sans doute *ma Sœur* a eu quelque peine aujourd'hui. »

Elle n'abandonnait pourtant point encore ces pauvres enfants. Quelquefois on la vit franchir le seuil de l'Hôtel-Dieu et s'approcher du lit où gisaient mourantes, des personnes encore jeunes consumées par le mal. Sœur Thérèse, avec ce sourire plein de pitié et de compassion que remarquaient tous ceux qui l'ont connue, leur parlait avec affection, ne leur faisait point de reproches, adoucissait leurs souffrances si possible, les amenait au repentir, les préparait à paraître devant Dieu et s'en retournait en laissant à ces malheureuses la componction dans le cœur et l'espérance du ciel. Elles étaient ses enfants toujours bien-aimées.

Voilà déjà bien des œuvres et pourtant nous n'avons pas fini ; prenez patience mon cher lecteur, la patience est une vertu que Dieu couronne dans son paradis. Ce n'est peut-être pas si intéressant qu'un roman, mais c'est plus salutaire. La lecture du roman vous chauffe l'imagination, vous monte les nerfs, vous fatigue et vous ôte la paix, en vous jetant en dehors de l'existence réelle et véritable ; en un mot elle vous use la vie sans vous rendre meilleur. Mais quand vous aurez vécu avec sœur Thérèse dans l'atmosphère bénie de la charité, vous vous sentirez mieux disposé pour le bien, rempli de bons désirs et d'une paix qui surpasse tout sentiment, puis vous vous direz : Je voudrais avoir vécu comme elle pour mourir comme elle. C'est déjà un gain.

Voici encore une œuvre de l'invention de sœur Thérèse et qui lui appartient en propre ; c'est l'œuvre de l'instruction religieuse des pauvres.

« Heureux êtes-vous pauvres parce que le royaume des cieux est vôtre. » Les pauvres sont donc les amis de Dieu ; mais aujourd'hui un grand nombre ne le paraissent vraiment guère, et à les voir, on est obligé de faire bien des efforts pour découvrir les frères de Jésus-Christ, ses membres souffrants, à qui est réservé le royaume des cieux. S'il en est ainsi, il est donc bien vrai que les pauvres ne sont pas comme ils devraient être, et que leur conduite n'indique pas au premier coup d'œil des amis de Dieu, et la partie privilégiée du troupeau de Jésus-Christ. Au bon vieux temps j'ai vu les pauvres demander l'aumôme « *pour l'amour de Dieu;* » vieille formule de la foi chrétienne qui met sur le même rang le riche qui donne et le pauvre qui reçoit, puisqu'ils sont tous les deux enfants du même père. Cette belle formule est bien oubliée maintenant et ceux qui l'emploient sont rares et vieux. Le pauvre ne demande plus pour l'amour de Dieu en récitant son *Pater,* il demande ou plutôt il exige *quelque chose* d'un ton sec, parfois la menace à la bouche et le mécontentement sur le visage.

Il y a donc un changement chez les pauvres et un grand changement. Dans les villes populeuses, aux jours de révolution, ces malheureux se soulèvent, se ruent contre les riches, incendient, tuent et se font tuer aussi pour être plus malheureux encore après qu'auparavant. Quelle est la cause de tout cela ? Sans la chercher bien loin je la trouve dans l'instruction que les pauvres reçoivent.

Las, Seigneur ! Le pauvre est perverti par des docteurs que Dieu n'a point envoyés; docteurs de mensonge et d'iniquité qui lui ôtent sa foi et ses espérances d'une autre vie;

5

puis lui mettent au cœur le fiel et la haine contre ceux qui sont plus que lui favorisés des biens de la fortune. Ne comptant plus sur le Paradis du bon Dieu, le pauvre veut jouir sur la terre, voilà pourquoi il exige, il menace. Ah ! qu'ils sont coupables les hommes qui prêchent ces mauvaises doctrines ! Il n'y a plus de frères, mais des ennemis dans deux camps opposés prêts à se faire une guerre d'extermination.

Mon Dieu ! je ne veux point accuser les riches ; il en est de durs qui n'ont point les entrailles miséricordieuses, comme il en est de bons dont le cœur et la main n'ont jamais été fermés à la misère humaine. Je ne veux point non plus accuser les pauvres mes frères, à Dieu ne plaise ; ils ne sont déjà que trop malheureux, malheureux en ce monde pour l'être encore davantage en l'autre peut-être ; mais je puis bien aussi leur dire qu'il y a de leur faute s'ils ne sont pas plus heureux ; qu'ils écoutent trop les docteurs qui les trompent et pas assez les ministres de l'Evangile qui leur disent la vérité ; qu'ils fréquentent trop les tavernes et pas assez les églises, ou tous confondus prient le même Dieu et partagent les mêmes espérances de l'éternelle béatitude.

Sœur Thérèse avec son intelligence avait compris qu'il y a quelque chose à faire pour remédier à cet état de choses; que le pauvre bon en lui-même devient méchant et impie parce qu'il est ignorant et trompé par les apôtres de l'erreur, les suppôts de Satan. Elle créa l'œuvre *de l'instruction des pauvres*. Vraie solution du problème social qui effraie tous les gouvernements. Sœur Thérèse avait plus d'intelligence que beaucoup de ministres.

« Saintement habile à faire admettre et goûter ses projets de zèle par le digne et vénérable curé de la paroisse et par ses dévoués collaborateurs, elle réussit à préparer dans sa maison un vaste local qui, au besoin, pouvait se transformer en chapelle très-spacieuse, communiquant avec un oratoire où le saint Sacrifice était célébré. Là, elle rassemblait des pauvres en grand nombre pour leur procurer l'inestimable bienfait de l'instruction religieuse.

« Puis, quand venait chaque année l'époque

où tout chrétien doit remplir deux grands devoirs trop généralement méconnus, une retraite ménagée par les soins de cette digne Fille de Saint Vincent, réunissait plusieurs fois par jour les indigents des deux sexes et les disposait à la réception des sacrements de Pénitence et d'Eucharistie.

« On était singulièrement édifié de l'assiduité et de l'empressement avec lesquels ces nombreux auditeurs recherchaient la sainte parole. On était réjoui d'entendre les louanges de Dieu chantées par ces voix qui montaient vers le ciel avec les accents de la foi, de l'espérance, du repentir, de l'amour et de la reconnaissance. On était heureux de voir une joie franchement chrétienne peinte sur tous les visages, et de recueillir de la bouche de tous les privilégiés du Dieu de miséricorde et de charité, l'expression de leur satisfaction et de leur bonheur.

« C'était autant d'âmes arrachées à l'enfer, réconciliées avec la religion et fortifiées dans la pratique du christianisme, et qui dans leurs familles portaient de bonnes paroles, de saints exemples et les abondantes bénédictions du

Dieu qui ne laisse aucun sacrifice sans récompense. »

Mais il y avait des exceptions comme ombre au tableau. La perfection n'est pas de ce monde et sœur Thérèse pas plus que les plus grands saints ne réussissait totalement dans ses œuvres. Certaines personnes attirées à ces retraites d'une façon quelconque et n'étant point disposées à changer de vie, n'y revenaient plus après une ou deux instructions. « Ma tante, écrit une orpheline, s'était décidée à venir à une mission donnée aux parents des élèves qui fréquentent nos classes, elle y est venue une seule fois, et a si bien compris de quoi il s'agissait que je ne l'ai plus revue. »

Mais où sœur Thérèse prenait-elle donc pour faire face à toutes ses dépenses, car enfin le Pactole (1) ne roulait point son or vers la maison des Blancs-Manteaux, et dans l'étroite cour de ce modeste dispensaire ne se trouvaient point les mines de la Californie. « Donnez, dit Notre-Seigneur, et il vous sera donné ;

(1) Rivière qui, selon la tradition, roule des paillettes d'or.

cherchez et vous trouverez ; celui qui aura tout quitté pour moi recevra au centuple. » Voilà tout le secret de sœur Thérèse qui n'a pas eu un moment d'inquiétude pour savoir comment elle se tirerait d'affaire. Elle avait tout quitté pour le bon Dieu, elle recevait tout au centuple ; elle avait tout donné, même sa personne, Dieu le lui rendait avec *une mesure pleine et s'en allant par dessus.* Dieu lui avait dit de chercher et elle cherchait ; sa main se tendait vers les opulents, les heureux du siècle et sa main se remplissait, car elle demandait pour ses pauvres. Ne faisant acception de personne elle frappait à la porte du juif et du protestant, du mécréant comme du fidèle serviteur de Dieu, et je n'ai jamais ouï dire que porte lui fût fermée. Elle était si bonne ! dirons-nous toujours.

Avec les sommes qu'elle a dépensées, elle aurait construit des palais, creusé des lacs et conduit des rivières autour de magnifiques domaines, comme font les riches de la terre ; mais elle est restée pauvre, heureuse dans son sort puisque ses protégés et ses enfants ne manquaient pas du nécessaire. Grâce à

Dieu, jamais il ne leur a fait défaut et souvent
même ils ont eu le superflu, ce doux rayon de
soleil qui embellit la vie sombre du pauvre
et lui fait chanter l'hymne de la reconnaissance envers la main bénie qui prend soin de
lui.

Le petit oiseau qui se nourrit de graines fait
maigre chère pendant la saison d'hiver, lorsque les frimats durcissent les champs et que
la neige couvre la terre ; cependant rien ne
lui manque de ce dont il a besoin et il ne se
plaint pas ; mais aussi, le bon Dieu lui envoie
le soleil d'été et la riche saison qui mûrit les
fruits, pendant laquelle sa table est copieuse-
ment et splendidement servie; alors il chante,
il est content. Voilà l'image du pauvre qui se
confie dans la Providence.

Avec quels sentiments de foi sœur Thérèse
les visitait, ses pauvres, « ses chers maîtres ! »
« Elle choisissait de préférence les jours con-
sacrés à honorer quelque mystère de la Passion de Notre-Seigneur ou les priviléges de
la très-sainte Vierge, parce que sa foi lui disait qu'en ces jours elle était plus assurée de
leur faire du bien. »

Nous n'aurions pas suffisamment fait connaître le caractère de sa charité si nous avions
omis ce trait, et combien d'autres nous échap-
pent qui donneraient une idée plus complète
de cette humble Fille de la Charité ? Mais peut-
être d'autres seront plus heureux que nous et
moissonneront où nous n'avons fait que glaner.

Et comme elle les aimait ses pauvres ! Elle
souffrait de leurs souffrances, avait faim avec
eux, soif avec eux, je dirais presque qu'elle
avait froid dans leurs membres pendant les
hivers rigoureux. Dans une lettre d'affaires où
elle s'occupe de bien autre chose, elle s'écrie
à la fin tout-à-coup avant de signer : « Il fait
un froid glacial ; point de pareil depuis 1829.
Que c'est pénible pour les pauvres ! » Quelques
uns abusaient de sa bonté. Qui n'a jamais été
trompé pendant sa vie ? Eh bien, quand on les
signalait, toujours elle prenait leur défense et
cherchait à les excuser. « Ils ne sont toujours
guère riches, les pauvres gens, disait-elle, ils
auront eu un petit moment de jouissance,
c'est bien pardonnable ; » puis quand elle les
retrouvait elle leur disait avec son bon sourire
et sa voix ordinaire : « Allons, c'est bien,

mais une autre fois il ne faut plus m'attrapper. » Elle avait bien raison ; quelques sous de trop donnés à un indigent ne le font pas rouler carosse ; il compte assez de jours malheureux.

Maintenant quittons un moment la capitale, et considérons sœur Thérèse qui, sans franchir la porte de sa maison des Blancs-Manteaux, se mêle au monde du dehors, s'intéresse au bien qui se fait loin d'elle et y prend sa part autant que ses moyens le lui permettent.

CHAPITRE VII

En 1847 la Communauté envoya aux Blancs-Manteaux une jeune Grecque née à Smyrne et venue en France avec deux de ses sœurs pour s'enrôler sous la bannière des Sœurs de la Charité. Toutes les trois avaient postulé ensemble; elles avaient fait ensemble leur Séminaire et le même jour avaient reçu l'humble habit des Filles de Saint Vincent de Paul. Ces trois enfants appartenaient à une de ces familles bénies du ciel qui brillent d'un doux éclat au milieu des pays infidèles, comme le lis parmi les épines du désert. Leur frère, devenu évêque de Syra, dans l'Archipel, conserve et propage la foi dans ces îles *brillantes,* par la douce influence de son caractère, de sa science et de sa vertu. C'est Mgr Alberty.

Sœur Josèphe, telle est le nom de la jeune

Religieuse, devint l'une des enfants privilégiées de sœur Thérèse, en sa qualité d'étrangère, et encore à cause de la faiblesse de sa santé qui réclamait des soins plus attentifs. Plante frêle et délicate transplantée sous un ciel moins riant, elle ne retrouva plus son soleil et cessa bientôt de s'épanouir avec sa grâce et sa vigueur natives.

Nous ne savons quel fut le thème des conversations de la nouvelle fille avec sa mère ; le fait est que son arrivée donna aux idées de sœur Thérèse une direction que nous n'avons point encore aperçue. Nul doute que la jeune fille parla souvent de la triste situation des peuples soumis à la domination des Turcs, ce qui fit naître chez sœur Thérèse le désir, si naturel aux âmes généreuses, de voler à leur secours. Elle se crut appelée aux Missions Etrangères et dans la voix de sœur Josèphe elle entendit celle de la divine Providence lui dire : « Levez les yeux et voyez que la moisson est déjà mûre ; elle est abondante, mais les ouvriers sont peu nombreux. » Elle fait part à son frère de ses nouvelles dispositions dans la lettre suivante :

« Le bon Dieu en m'envoyant cette jeune Grecque a probablement le dessein de me diriger vers les plages étrangères. Que sa volonté s'accomplisse et non la mienne, dans cette circonstance comme dans tant d'autres de ma vie. Lui seul gérera cette affaire, je ne veux y être pour rien. Il est certain que je suis indigne de cette haute mission, mais le bon Dieu ne regarde pas toujours cela et se sert souvent des instruments qui paraissent les plus impropres à son œuvre. Enfin tout pour sa plus grande gloire et mon salut.

« Le bon Dieu, dis-je, me l'envoie pour apprendre le *langage étranger*; déjà je sais un peu dire en grec : O Marie conçue sans péché. »

Nous ignorons les motifs qui empêchèrent sœur Thérèse d'exécuter son dessein qui semblait si bien arrêté; mais il n'est point téméraire de penser que ses supérieurs ne lui permirent pas d'aller dépenser son zèle sur les plages lointaines de l'Orient. Elle était nécessaire aux Blancs-Manteaux et savait y faire le bien que nulle autre peut-être, quoique intelligente et dévouée, n'eut pu faire. Elle était l'âme des bonnes œuvres de son misérable quartier, rempli de juifs, de protestants et de misères de tout genre ; vrai *marais* (1) sous tout rapport. Et puis, le temps s'assombrissait ; de vagues rumeurs, des bruits sourds murmuraient dans les bas-fonds de la société, signes avant-coureurs d'une tempête politique. Nous sommes arrivés aux premiers jours de l'année 1848 de sinistre mémoire. Il fallait une main ferme pour gouverner la maison ; une femme connue, respectée, aimée pour la sauver de la bourrasque. Sœur Thérèse devait rester à son poste, elle y resta.

Ce fut certainement pour elle un grand sacrifice à faire de voir partir quelques-unes de ses compagnes, et de rester sur le rivage clouée par l'obéissance ; mais elle était habituée aux sacrifices et savait immoler ses goûts selon le bon plaisir de Dieu et la volonté de ses Supérieurs. Toutefois, elle entretint avec Beyrouth et Damas des relations très-actives, mais non pas de ces relations de pure amitié faites seulement pour contenter la na-

(1) Le quartier des Blancs-Manteaux s'appelle le *Marais*. C'était autrefois une plaine marécageuse.

ture ; elle se fut reproché de donner quelque chose à un sentiment purement naturel. Si elle songeait à ses amies d'Orient, c'était pour leur être utile ; pour les aider ; pour répandre par leur intermédiaire les bienfaits que sa puissante et inépuisable charité trouvait encore moyen de diriger vers ces lointaines contrées. Ses nombreuses occupations ne l'empêchaient point de songer aux malheureux chrétiens d'Orient perdus parmi les Infidèles ; car elle embrassait le monde dans les ardeurs de son zèle et ne s'arrêtait que devant l'impossible. Elle eût voulu convertir tous les payens et les Infidèles !...

Hélas ! il n'est pas nécessaire de quitter la France pour trouver des payens. Paris en renferme un grand nombre aussi tristes que les autres, plus tristes encore, car ce sont des payens civilisés et moins convertissables.

Sœur Thérèse envoyait à Beyrouth, à Damas et peut-être ailleurs encore, car nous ne savons pas tout, des secours de toute nature, surtout des ornements pour les autels, des vêtements pour les grandes personnes, des layettes pour les petits enfants. Un voyageur qui visita ces deux villes ayant par hasard prononcé le nom de sœur Deshayes, fut fort étonné de le voir connu et béni, par les malheureux auxquels on l'avait récité en leur distribuant les dons de sa munificence.

O trois fois heureux celui dont la main sème les bienfaits sur la terre et dont le nom est en bénédiction parmi les pauvres ! Ce nom est écrit par les anges au livre de vie , en lettres d'or, et brillera dans *l'éternité de l'éternité*.

Sœur Josèphe avait apporté la gaîté dans la maison des Blancs-Manteaux et la joie au cœur de la mère de famille, de sœur Thérèse. Elle était vive, spirituelle comme une Grecque, toujours souriant, d'un caractère ardent et impétueux avec un œil qui lançait l'éclair et des doigts qui brodaient comme une fée. L'habileté de sœur Josèphe dans la tapisserie eût été célébrée par les anciens poètes. Ses reparties étaient d'une originalité sans égale et ses comparaisons empruntées à d'autres pays et à d'autres mœurs. Parfois, ne comprenant pas exactement le sens des mots français, elle disait d'étonnantes choses qui faisaient choir les larmes des yeux et provóquaient la plus désopilante hilarité. Son étonnement et ses questions achevaient de mettre son auditoire hors des gonds.

Il est facile de comprendre avec cela que la tristesse et la mélancolie n'habitaient pas sous le même toit que sœur Josèphe, et c'était une bénédiction dont la mère Thérèse remerciait le Seigneur; car on le sert mieux quand on a le cœur libre et joyeux. La joie est un don du ciel qu'il faut accueillir avec bienveillance, comme le rayon de soleil qui dissipe les ténèbres et ranime la nature. La présence de sœur Josèphe était ce doux rayon de soleil parmi ses compagnes.

Mais ce rayon de soleil bientôt vient à pâlir. Sœur Josèphe est atteinte d'une fièvre ardente qui la consume lentement sans trève ni merci. L'inquiétude alors naît au cœur de sœur Thérèse. Tous les remèdes possibles sont administrés à la chère malade, mais ils paraissent impuissants, et les médecins à bout lui ordonnent de changer d'air; ordonnance qui lui procure peu de soulagement. « Je l'ai envoyée à l'île d'Orsay, écrit-elle à son frère, mais cela n'a pas beaucoup amélioré sa position ; la fièvre est toujours périodique ; prié pour elle. Sa sœur aînée est aussi à la campagne pour la même raison. »

L'île d'Orsay est une île de la Seine, séjour incomparable, dit-on, *petit Empyrée* sur la terre ; ce que je crois volontiers sans l'avoir vu. Les malades *y recouvrent la santé* ; mais comme nous venons de le voir, il y eût une exception pour sœur Josèphe. Le mal alla toujours grandissant, mais avec des intermittences qui parfois faisaient naître l'espoir de la guérison. Il est si douloureux d'entrevoir le moment où il faudra se séparer des personnes qu'on aime ! Sœur Thérèse ne se laissait point tromper sur la catastrophe qui la menaçait. Voici en quels termes elle confie sa peine à un ami. Déjà elle n'a plus d'espérance qu'au bon Dieu :

« Je vous recommande notre pauvre sœur Josèphe, toujours en proie à la fièvre qui la conduira infailliblement au tombeau. Cette pensée me navre le cœur ; c'est bien mal, n'est-ce pas Monsieur, de voir si peu de générosité dans une Fille de la Charité ? Je me fais une douce illusion en pensant que Notre Seigneur me traite comme je le mérite, résistant à mes faibles et fréquentes supplications comme il fit à la *Cananéenne*. Vu ces considérations, j'espère contre toute espérance en la toute puissante bonté de cet aimable Sauveur. Priez et faites prier pour notre malade; d'avance je vous envoie un gros merci. »

Voyant que ni ses prières ni celles des autres n'étaient exaucées, elle se mit à penser qu'il y avait peut être un saint particulier qui guérissait la fièvre, et elle demanda à cet ami quel était ce saint. Celui-ci lui répondit qu'il n'en connaissait point, mais qu'il avait lu ces paroles dans la vie de saint Dominique : « Une Religieuse avait la fièvre, et ne pouvant suivre les exercices de la maison, priait saint Dominique de venir pour la consoler. Saint Dominique lui fit répondre : Je n'ai pas le temps d'aller vous voir, mais dites de ma part à la fièvre de s'en aller pour ne plus revenir et venez au chœur. » La malade fit ainsi, se leva et vint au chœur. Là-dessus, sœur Thérèse pria et supplia saint Dominique de chasser la fièvre et de guérir sa chère malade; mais telle ne fut pas la volonté de Dieu, et sœur Josèphe ne guérit pas. Elle trépassa et rendit doucement son âme à Dieu, munie et fortifiée par les sacrements de notre sainte mère l'Eglise. Voici comment sœur Thérèse raconte cette mort à l'ami dont nous avons parlé plus haut :

« Votre dernière missive me demande des nouvelles de notre chère malade; probablement que vous la croyez toujours avec les habitants de Cédar; hélas! non, elle n'y est plus depuis le onze septembre dernier. Entre onze heures et minuit, le bon Dieu me l'a enlevée et a brisé en un instant les liens d'affection qui m'attachaient si fortement à elle. Je l'aimais en Dieu et par Dieu, lequel connaissant le fond de mon cœur et le but de mon affection, m'a prêté une main secourable et a mis dans mon âme navrée de douleur et accablée de la plus profonde tristesse, un baume salutaire au dessus de toute consolation ; ç'a été de voir cette bien chère enfant animée, dans ce moment terrible de la séparation, des plus beaux sentiments religieux. La crainte de la mort et du jugement qui la préoccupait si péniblement pendant le long cours de sa maladie, avait disparu à ce moment fatal pour donner place à la joie et au désir de mourir, de sorte que sur son visage déjà si expressif, se réflétait le bonheur des bienheureux du ciel. Enfin, elle me fit les adieux les plus riants et les plus grâcieux qu'on puisse voir, récitant avec une énergie et une foi très-vives les saints noms de Jésus, Marie, Joseph, puis elle s'est endormie dans le calme et la paix. Nous espérons qu'elle s'est réveillée devant le Seigneur pour recevoir la récompense de ses combats et de ses travaux.

« Après un si délicieux spectacle, mon cœur a été abondamment soulagé, quoique cette perte y doive laisser un vide pendant le reste de mes jours. Ma seule consolation est de dire : Que votre sainte volonté soit faite, ô mon Dieu ; vous l'avez voulu ainsi pour le bonheur de cette chère enfant, aimée et regrettée de tous ceux qui l'ont connue. Mais comme Dieu se réserve le secret de son bonheur et ne permet pas que nous en ayons la certitude, priez s'il vous plait, pour l'âme de cette chère Sœur, afin que si elle a quelques petites fautes à expier dans le purgatoire, elle en sorte le plus tôt et le plus vite possible.

Votre chère petite cousine est toujours charmante et continue de faire ma consolation.

Je suis dans l'amour de Notre Seigneur et de son Immaculée mère, votre respectueuse et affectionnée

Sœur DESHAYES. »

Paris 1er janvier 1857.

Sœur Anne Joséphine Alberty avait 27 ans.

Une mère aime-t-elle mieux son enfant que sœur Thérèse aimait sa fille adoptive Anne Josèphe Alberty ?

La *Sœur-Servante* des Blancs-Manteaux fit part de cette mort à Mgr l'évêque de Syra. Il lui répondit le 21 novembre 1856, par une lettre que nous donnons à nos lecteurs comme une agréable et pieuse digression :

« Ma Sœur,

« *Dominus dedit, Dominus abstulit... sit nomen Domini benedictum !*

« Le Seigneur a donné, le Seigneur a ôté... que béni soit le nom du Seigneur.

« La triste nouvelle que vous avez bien voulu nous communiquer de la mort de notre très-chère sœur Josèphe-Anne, a naturellement affligé mon cœur de frère ; mais les réflexions que vous y avez ajoutées sur la patience avec laquelle la défunte a supporté sa maladie bien longue, et sur la piété vraiment chrétienne dont elle a animé ses derniers moments, ont changé ma tristesse en une véritable consolation, sur l'espoir que son âme se trouve déjà dans l'éternité bienheureuse.

« Je viens par ma présente, vous rendre, ma Sœur, au nom de toute notre famille, nos plus vifs remerciements pour les bienfaits sans nombre, joints à un amour de véritable mère, dont vous avez comblé notre sœur défunte, dès le moment que vous l'avez reçue dans votre Communauté jusqu'à son dernier soupir ; que dis-je ? même après sa mort, et par des funérailles très-distinguées, et pour les suffrages avec lesquels vous ne cessez de secourir son âme. Daigne le Seigneur exaucer les vœux que je forme chaque jour aux pieds des saints autels, le priant de vous en accorder au centuple la récompense et enfin les couronner de gloire dans l'éternité bienheureuse.

« Veuillez offrir nos remerciements à toutes les Sœurs de la Communauté et agréer les sentiments de la plus vive reconnaissance et de la parfaite considération avec lesquels j'ai l'honneur d'être :

Ma Sœur,

votre très-humble et tout dévoué serviteur,

† J. M. ALBERTY,

évêque de Syra,

délégué apostolique de la Grèce (1). »

Syra le 21 novembre 1856.

Après sœur Josèphe ce fut le tour de sœur Séraphine qu'elle embrassa de la même affection et environna de la même tendresse. Cette jeune Sœur décéda pareillement dans ses bras pour entrer dans la paix du Seigneur. « Je perds beaucoup, dit elle, parce qu'elle avait tout pour faire le bien ; mais il faut vouloir ce que le bon Dieu veut, en tout et partout. »

La séparation fut aussi amère ; ce furent les mêmes arrachements de cœur ; mais elle éprouva aussi la même consolation. Les filles s'en allaient au ciel avant la mère pour préparer sa place et tresser sa couronne.

(1) En lisant cette lettre, on voudra bien se souvenir que le français n'est pas la langue habituelle de Mgr de Syra.

Ces quelques lignes sur la bonté de sœur Thérèse et sur sa tendresse maternelle pour tous les enfants de sa famille, suffiront, j'espère, pour montrer que la religion ne tue pas la nature, mais la perfectionne seulement, et que Prêtres, Religieux et Religieuses, conservent tout leur cœur et tous les sentiments affectueux de l'âme. L'apôtre saint Jean est l'apôtre bien-aimé et Marie la plus pure des vierges est aussi la plus aimante des mères. Oui, dans la religion et la religion seule, se trouve le vrai amour qui, né du sein de Dieu, y remonte en entraînant les âmes après lui.

Ces lignes suffiront aussi pour justifier ces paroles de la Chronique qui se placent bien ici : « Elle se montrait animée de la plus maternelle tendresse pour ses compagnes faibles et souffrantes. Attentive à leur être agréable, les soulageant autant que possible, heureuse de leur procurer un peu de repos, elle se faisait toute à toutes, les consolait et les fortifiait par ses soins, sa douceur et son indulgente bonté.

« Que de vocations chancelantes elle a sauvées ! De quelle sollicitude elle entourait les âmes éprouvées intérieurement, et tout cela sans paraître le remarquer, sans bruit; en ignorant même le bien qu'elle faisait, tant elle l'accomplissait en vue de Dieu. Aussi sa présence seule inspirait la paix et la confiance, et sa vertu exhalait un doux parfum qui la trahissait. »

Achevons le portrait par deux traits significatifs; elle aimait, elle était aimée.

Une de ses compagnes qui portait le même nom mourut de chagrin après son trépas. « La charmante petite cousine » qu'elle avait prise à l'âge de six mois et qu'elle nommait « la chère petite Louise... pieuse comme un ange... aimable... fervente... excellente... ma consolation en égoïsme » devenue sœur Augustine, ne pouvant supporter le départ de sa mère adoptive, se consuma de tristesse et s'en alla, un an après, rejoindre au ciel celle qui l'avait tant aimée et qu'elle aimait du même amour.

Enfin, une indiscrétion nous apprit que sœur Thérèse avait offert sa vie pour celle du Souverain Pontife. Pie IX vit peut-être des années d'un grand nombre de ces victimes du dévouement filial dont Dieu accepte le sacrifice comme un holocauste d'agréable odeur.

Voilà comment les Religieuses savent aimer.

« Le Seigneur est ma force et mon salut, que craindrais-je ?... J'ai mis mon espoir en vous, je ne craindrai pas les calamités parce que vous êtes avec moi. »

Ces paroles résument parfaitement la vie de la sœur Thérèse pendant la triste année de 1848. Les sinistres pressentiments des derniers jours de celle qui venait de s'écouler se réalisèrent, et la tempête prévue éclata d'une manière terrible le 24 février. Elle emporta comme une paille le trône du *roi sage* (1) qui se croyait cependant bien affermi et bien solide. Mais lorsque Dieu *ne garde pas la ville*, c'est en vain que veillent sur les remparts les bataillons qui la défendent. Que peuvent en effet la sagesse humaine contre la sagesse divine, et les conseils des rois contre les conseils de Dieu ? Les pensées *des hommes sont vaines*, le

____

(1) C'est la qualité que donnent à Louis Philippe les penseurs matérialistes.

Seigneur les a regardées ; il a soufflé et elles se sont évanouies comme l'ombre sans laisser de traces. Nul n'est fort contre Dieu ; mais il est fort, il est inébranlable celui qui craint le Seigneur et met en lui toute sa confiance.

Cette force était celle de sœur Thérèse. Son petit royaume ne fut point ébranlé par la bourrasque ; la paix continua d'y régner comme à l'ordinaire ; il n'y eut pas de sceptre brisé, point de couronne jetée aux flammes ou dans le ruisseau. Dieu le gardait avec ses anges.

Nous n'avons aucun détail sur ce qui se passa aux Blancs-Manteaux à cette époque néfaste, ni sur les actions de sœur Thérèse. Bien certainement sa vie fut la même qu'auparavant, car on a beau changer les gouvernements et supprimer les rois, on ne change point la nature humaine, on ne supprime ni les maladies, ni les infirmités, ni la misère. Tout ce qu'on peut supposer, c'est que les hommes du pouvoir sont venus visiter la maison, et que satisfaits de sa bonne tenue, ils maintinrent la *citoyenne* Deshayes dans l'exercice de ses fonctions. Vinrent ensuite les journées de juin, et le quartier du Temple, voisin de l'Hôtel-de-Ville, fut témoin de tout ce que la guerre civile contient d'horreurs quand elle s'est changée en une guerre d'extermination.

Que durent endurer les paisibles habitants des Blancs-Manteaux, lorsque les balles criblaient les fenêtres, que la mitraille balayait les rues et que des maisons s'effondraient dans des abîmes? Nul renseignement ne peut nous le faire connaître, car la correspondance de sœur Thérèse à cette époque fait complétement défaut, et je n'ai vu personne pour me renseigner. Mais je ne puis m'empêcher de me figurer la bonne Sœur pendant ces terribles jours, rassurant ses filles effrayées qui se réfugient à la chapelle aux pieds du bon Dieu, puis après les premiers moments donnés à la peur, les ramenant au poste pour recueillir les blessés et panser les plaies. Elle est là qui commande comme le général à ses soldats; ses traits sont calmes; sa figure porte la sérénité; ses ordres sont nets et précis. Dieu lui donne visiblement une force qu'elle n'a pas dans les jours ordinaires.

On raconte de sœur Rosalie des traits admirables de dévouement, de grandeur d'âme, de force de caractère et de charité. Nous la voyons résolument sur la porte de sa maison arrêter par ses paroles, par son regard et son attitude, les bandits qui poursuivent de malheureux officiers réfugiés chez elle ; et leur déclarer nettement qu'ils passeront sur son cadavre avant de pénétrer plus loin. Nous voyons ensuite ces forcenés, vraies bêtes féroces altérées de sang, s'arrêter et respecter l'asile sacré du malheur. C'est beau.

Nous pourrions dire peut-être quelque chose de semblable de sœur Thérèse, puisque nous savons, de source certaine, qu'elle a sauvé la vie à un pauvre municipal poursuivi par une troupe de furieux. Mais ne connaissant aucune circonstance particulière, nous mentionnons simplement le fait afin de rester dans les limites de la vérité qui doit être sacrée pour tous les hommes.

Puisque nous avons nommé sœur Rosalie, nous pouvons bien dire ici que cette vénérable fille, l'honneur et le modèle des Sœurs de Charité, avait voué à la *Sœur Servante* des Blancs-Manteaux une vive affection, et l'avait admise dans son intimité au [point de la démander pour successeur quand elle passa de vie à trépas. Ces deux grandes âmes, toutes consumées du feu de l'amour divin, se comprenaient; se communiquaient leurs vues, leurs projets, leur idées, leurs plans et marchaient toutes deux comme des géants, sans le savoir, dans la belle carrière ouverte par saint Vincent de Paul.

Après la guerre civile, un fléau à figure moins atroce et d'un extérieur moins horrible, plus redoutable cependant par sa persévérance et son invisibilité, le choléra, puisqu'il faut l'appeler par son nom, vient s'abattre sur Paris en 1854, après avoir parcouru la France et l'Europe presque tout entière. Il trouva sœur Thérèse à son poste avec ses courageuses filles qui restèrent bravement sur le champ de bataille tant que dura la lutte. Mon Dieu ! Que de courses, qué de moments pénibles passés au chevet des malades et des mourants ! Que de peines, que de sueurs, que de fatigues ! Dieu a tout vu, tout compté, et les Anges l'ont écrit sur le grand livre des récompenses éternelles. Les hommes ont voulu aussi récompenser ces vaillants soldats de la charité et vinrent humilier profondément leur chef, en remettant à sœur Thérèse une de ces médailles honorifiques, qui témoignent de la vertu de ceux qui les reçoivent et de la bonne volonté de ceux qui les donnent.

Quand on mérite ces distinctions dans le monde, on est fier de les porter ou de les étaler dans l'endroit le plus apparent du salon ; mais la Fille de la Charité cache cela dans un coin ou dans une boîte, et personne ne le verra. Ce n'est pas des hommes qu'elle attend sa récompense.

Disons, en terminant cette page, que le fléau épargna la maison des Blancs-Manteaux par un privilége tout particulier de la Providence, et ne frappa que deux orphelines, encore échappèrent-elles au trépas. C'est le seul détail que je trouve dans les lettres de sœur Augustine. Un *Te Deum* d'actions de grâces fut chanté et la vie, surmenée pendant cette rude époque, reprit son cours ordinaire. Ainsi le ruisseau rentre dans son lit après avoir franchi ses bords à la suite d'un violent orage.

Considérons maintenant sœur Thérèse dans ses rapports avec sa famille. Cette étude intéressante nous fera voir un des beaux côtés de son âme et lire une page instructive sur la bonté de son cœur pour les siens. Elle aimait les pauvres, mais elle n'avait point oublié ceux auxquels le bon Dieu l'avait unie étroitement. Elle aimait les premiers pour l'amour de Dieu; elle aimait les seconds en Dieu et pour Dieu, parce que la nature et Dieu lui en faisaient un devoir.

CHAPITRE VIII

Amour de sœur Thérèse pour sa famille. — Fragment d'une
lettre. — A sa mère. — Sur la vocation religieuse. —
Fruit de ses conseils et de la grâce de Dieu.

C'est un préjugé dans le monde que les Religieux n'aiment pas leur famille et l'on ne se gêne pas pour les appeler *dénaturés;* j'ai entendu ce mot plus d'une fois. C'est une profonde erreur car ils aiment aussi leur famille.

Cette erreur vient peut-être de ce que certaines Vies des saints sont mal faites. Elles nous les montrent presque exclusivement dans leur vie merveilleuse, et il n'est plus question de leur famille une fois qu'ils sont entrés dans le cloître ou lancés dans la vie publique, de sorte qu'on les croit sans affection. Mais nous n'avons alors que des moitié de saints pour ainsi dire, des saints mutilés, estropiés, qu'on ne voit que du côté décourageant. Aussi, leur vie se termine-t-elle ordinairement par cette réflexion : ils sont

6*

plus à admirer qu'à imiter. Elle est écrite ou le lecteur la fait naturellement lui-même sous forme de conclusion, de façon que cette lecture demeure inutile et sans fruit. Aujourd'hui on est entré dans une voie meilleure, et les saints nous apparaissent tout entiers, tels qu'ils étaient. Il faut donc louer les auteurs, comme celui de la vie de sainte Chantal, qui nous montrent ces modèles de l'humanité avec leurs imperfections, mais aussi, avec toutes leurs vertus et tous les combats qui leur ont mérité la palme de l'immortalité.

Père et mère honoreras, a dit le Seigneur. Les saints ont observé ce précepte comme les autres, et les Religieux n'en ont point été dispensés. Tous ont été et sont hommes. Je dis que les Religieux l'observent d'une manière plus parfaite que s'ils fussent restés dans le monde. Est-ce que dans le monde on aime mieux sa famille ? Il y a bien des exemples du contraire et un vieux proverbe dit : C'est chose rare de voir la concorde régner parmi les frères, parce que les intérêts humains les divisent.

Mais entrons dans notre sujet après ce long préambule.

Sœur Thérèse eut le bonheur de posséder pendant longtemps son père et sa mère, ouvriers laborieux qui vécurent de nombreuses années dans la pratique de la religion et moururent de la mort des Justés.

Elle les voyait peu souvent, il est vrai, puisqu'elle était éloignée d'eux. Mais est-il nécessaire de voir ses parents tous les jours pour les aimer ? C'est le contraire qui est vrai ; le temps et la distance rendent l'affection plus violente, je dirais volontiers, plus intense et plus vraie. Aussi quelle fête c'était pour elle quand ils prenaient la grande *diligence* qui les amenait à Paris ! Quelle entrevue ! Quel épanchement mutuel d'affection ! Il est difficile de dire qui était le plus heureux : de la fille, du père ou de la mère. Mais je ne veux point entreprendre de raconter ; ce serait déflorer par un verbiage vain, ces joies du cœur qui se sentent et ne se racontent pas.

Sa vénérable mère quitta cette terre la première après une vieillesse pleine de mérites. Nous pouvons juger de la douleur de sœur Thérèse par ces quelques mots écrits longtemps après à l'ami déjà connu : « Je suis

on ne peut plus confuse de n'avoir pas encore
répondu à votre excellente missive qui m'a fait
un sensible plaisir, en mettant un baume salutaire sur la plaie de mon cœur ; plaie profonde
qui a été faite par la mort de ma vénérée et
bien-aimée mère... Merci mille fois, de votre
délicate sympathie... »

Après ce coup fatal, son père se retira chez
M. le curé son fils où il passa plusieurs années
encore en travaillant pour se délasser ; en
priant pour la chère défunte si amèrement
pleurée et si digne de l'être ; en attendant que
Dieu l'appelle, à son tour, à la jouissance de
l'éternel repos dans le sein d'Abraham. Sœur
Thérèse s'en occupe, demande souvent des
nouvelles du : « *cher et vénéré père, de l'excellent et vénéré père...* Je le recommande à
N.-D. des Victoires chaque fois que j'y vais, »
dit-elle. Elle remercie son frère et sa sœur
quand ils lui en « disent quelque chose » ; elle
lui envoie de petites douceurs, des recettes, qui
pourront soulager les infirmités de la vieillesse,
et ne manque jamais dans toutes ses lettres de
lui présenter : « *ses respects filials et affectueux.* » On ne rencontre pas une seule fois

d'autres expressions que celles de : « *cher et vénéré... excellent et vénéré père... respect filial,* » et c'est bien à remarquer.

Ah ! mon Dieu, n'est-ce pas là le bon amour filial qui doit toujours être accompagné du respect ? N'est-ce pas la pure et simple observance du commandement : *Père et mère honoreras !* Hélas ! je le sais, de nos jours les enfants sont peu habitués à respecter leurs parents et rendent peu d'honneur aux auteurs de leurs jours. Ils les *tutoyent* et les traitent comme leurs petits serviteurs ou peu s'en faut, et vraiment, je ne sais s'il y a beaucoup de respect et de tendresse sous ces expressions que je n'ai jamais comprises dans la bouche d'un enfant. Cependant, elles sont admises presque universellement quoique elles datent des plus mauvais jours de la Révolution qui, énivrée de folie, abolit tout les titres, même celui de père et mère et ne vit dans tous les hommes, petits ou grands, que des citoyens. J'aimerai toujours mieux qu'on dise *vous* à son père et à sa mère, et je prise grandement l'expression de sœur Thérèse comme exprimant mieux le sens du precepte : *Père et mère honoreras, afin que tu vives longtemps.* On revient, dit-on, dans la haute société, à l'antique formule du respect dû aux parents ; tant mieux, je désirerais qu'on y revînt dans toutes les classes. Les choses bien certainement n'en iraient pas plus mal.

Sœur Thérèse ne dit point *vous* ni à son frère ni à sa sœur et ne parle plus de vénération. Elle n'est plus en présence de la majesté paternelle. Avec eux, elle en use familièrement comme il convient entre frères et sœurs et je trouve encore cela très-bien. Dieu veut qu'il y ait plus de liberté entre les frères et sœurs, qu'entre ceux-ci et les parents marqués du sceau de la royauté.

Comme elle se montre bonne et dévouée à leur égard ! Comme elle les invite à venir la voir de temps à autre ! Comme elle leur offre ses services ! Le frère use largement de ceux-ci, parce qu'il entreprend la grande affaire de la construction d'une église. La bonne sœur ne sait rien refuser, parce que c'est pour la gloire de Dieu et le salut des âmes ; les deux grands mobiles de sa conduite, de sa vie tout entière. Courses, visites, demandes, requêtes, démarches de toute sorte, elle se prête à tout pour l'aider et le faire réussir ; puis elle lui donne en passant des avis qu'elle ne peut retenir au fond de son âme embrasée de l'amour de Dieu, et l'exhorte à s'occuper aussi de bâtir *des temples au Saint-Esprit et de les orner de toutes les vertus chrétiennes.*

Un jour cependant elle trouve que le « *bon, cher, et bien-aimé frère* » est exigeant et elle lui dit : « Je désire que ce soit la dernière fois. » Ici la nature se montre et l'impatience met la tête à la fenêtre ; mais ce mouvement premier est bien vite réprimé ; elle se résigne à se mettre en route « par mortification » et à se départir de ses occupations accoutumées.

« Tu m'as fait faire un bon acte de mortification en préparation à la fête de Noël ; » lui dit-elle. D'autres fois, elle faisait d'elle-même des démarches qu'elle croyait devoir lui être utiles, et c'était *son bon ange* qui lui inspirait cette pensée : « Tu as bien fait d'oublier la visite à M. B. ; je l'ai faite pour toi, et il m'a donné dix francs pour mes pauvres. »

Mais je ne veux point, pour prouver mon dire, citer de trop nombreux passages de ses lettres à son frère et à sa sœur; je me contenterai de dire que toutes respirent le suave parfum de la meilleure amitié fraternelle. Cependant, je ne résiste point au plaisir de citer un assez long fragment de celle qu'elle écrivit à un de ses parents qui lui était cher à plus d'un titre, et qui avait couru quelques dangers. Je le fais afin de montrer une partie des trésors que renfermait l'excellent cœur de cette parente et amie :

« Il s'en est fallu peu que j'apprisse ta mort comme martyr. Comment te trouves-tu de cette fameuse alerte? Ta santé n'en est-elle point altérée? Te reste-t-il des contusions? C'est hier que jai appris la fatale nouvelle par hasard. Enfin, Dieu soit loué et béni de tout; je te dirai bienheureux d'avoir souffert persécution pour la justice. Seulement, une chose me fait de la peine, c'est que la justice peut inquiéter cet homme. O mon cher ami, je t'en prie, venge-toi en chrétien, en demandant grâce pour lui; en cela tu imiteras notre divin Sauveur, lequel a prié pour ses bourreaux. »

Ce trait n'est pas moins beau que ceux que nous connaissons déjà. Elle aime son parent, mais elle aime aussi son prochain et ne veut pas qu'il lui soit fait de mal. C'est l'héroïsme de la charité chrétienne.

Sœur Thérèse a deux nièces qui n'ont pas encore vu fleurir bien des fois les grands tilleuls des promenades de Chaumont, la plus grande « lui souhaite la bonne année. » Elle daigne lui répondre, descend à son niveau, et trouve moyen de lui donner d'utiles conseils pour l'aider à marcher dans le difficile sentier de la vie, embarrassé hélas! de ronces et d'épines, et bordé de précipices sans fond où tombent les imprudents.

« Merci, chère enfant, des vœux que ton bon cœur a formés pour moi, et agrée ceux que j'ai déposés pour toi particulièrement, au pied de la crèche du divin Enfant Jésus. Je lui ai demandé force lumières qui te fassent connaître la voie *où vous devez marcher* (1), afin qu'elle soit celle qui doit vous assurer un avenir

____

(1) Elle et sa petite sœur.

heureux, non-seulement pour ce monde, mais bien plus encore pour l'autre, puisque c'est là le but et la fin de nos espérances. Or çà, bien chère enfant, offre à cette intention prières, travail et petits sacrifices. Notre bon Sauveur qui ne se laisse pas vaincre en générosité, te rendra au centuple tout ce que tu feras pour lui plaire.

« Continue, bonne petite, de faire la consolation de tes excellents parents. Qu'il est beau, qu'il est consolant pour le cœur d'une enfant bien née de se dire : J'ai fait le bonheur de mon père et de ma mère ! J'espère que ta conscience te rend ce doux témoignage. Plus tu avanceras dans la vie, plus aussi tu apprécieras *la félicité* d'avoir été élevée par des parents éminemment chrétiens, dont la conduite n'a jamais démenti les enseignements.

Quand on songe que de pauvres enfants errent çà et là, loin de la route qui conduit à la vertu, et cela parce que leurs parents n'ont pas cultivé leur esprit et leur cœur, il faut, chère enfant, remercier Dieu jour et nuit, des bienfaits dont il a daigné te combler de tout temps, avant et après ta naissance. »

Elle continue à poursuivre les chères nièces de son aimante sollicitude, et nous avons vu déjà les avis qu'elle donne à l'aînée au jour de sa première communion. Ces avis n'ont pas été perdus. Ils ont été la semence qui, fécondée par le soleil et la rosée de la grâce, a produit des fruits de bénédiction au temps voulu par le bon Dieu.

L'aînée a grandi ; de brillantes études s'achèvent ; elle entre dans la période inquiétante et décisive de la vie ; ses quinze ans vont sonner ; sœur Thérèse lui écrit :

« Pense avec tranquillité d'esprit à la vocation que Dieu te destine. Tu la connaitras par un attrait tout particulier que tu éprouveras, en le soumettant aux sages lumières de ton confesseur et de tes parents qui ont grâce d'état pour cela. Si tu n'éprouves encore rien, ne t'en tourmente pas, tu es jeune encore ; jouis avec bonheur, sous le toit paternel, en fille soumise et respectueuse et continue de donner tes soins à ton excellente mère. »

L'attrait est venu ; il en a été fait part au confesseur et à la mère qui annonce la bonne nouvelle à sœur Thérèse. Sœur Thérèse au comble de la joie répond :

« Bonne Sœur,

« Tu as bien raison de dire que tu m'as fait faire un bon Carême. Dieu soit béni de l'heureux succès de mon long jeûne. Il est bien vrai de dire qu'il récompense au centuple le peu qu'on fait pour lui.

« Quelle surprise agréable tu m'annonces; bonne sœur; j'ai lu et relu ta lettre et je n'en pouvais croire mes yeux. Je me suis écriée dans les transports de mon étonnement : Merci, mon Dieu, merci de l'attrait que vous donnez à cette chère enfant. J'étais bien loin de la croire appelée à cette sublime vocation, et je demandais simplement à Dieu qu'elle reste toujours bonne chrétienne dans le monde.

« Quelle coïncidence de bonheur ! C'est aujourd'hui le JEUDI-SAINT qui nous rappelle de si précieux souvenirs, tant de bonté et de merveilles dans l'institution de l'adorable Eucharistie, et c'est aujourd'hui que Dieu choisit pour me faire envoyer cette bonne nouvelle !

Je crois comme toi, que c'est une vraie vocation, puisque personne ne l'a influencée et qu'elle n'a pas un caractère *léger, ni exalté.* Cependant, il sera bon de l'éprouver en lui faisant comprendre que l'état religieux est une vie de sacrifices et de dévouement, afin qu'elle mûrisse ses réflexions et qu'elle ne se repente pas plus tard de sa détermination.

« Quant au sacrifice que tu auras à faire, il sera énorme ; mais le bon Maître qui l'exige, saura bien te dédommager amplement et il le fait déjà. »

Voilà, certes, un beau code d'éducation chrétienne et de sages conseils, sur la vocation religieuse dans laquelle il ne faut pas s'engager à la légère. Beaucoup de jeunes filles qui, hélas ! se sont repenties de cette vocation qu'elles avaient embrassée dans un moment d'exaltation, ne l'auraient pas fait, si elles avaient suivi ces règles dictées par la prudence et s'étaient éprouvées elles-mêmes, selon la recommandation de l'apôtre saint Paul (1).

Sous une aussi sage direction, la nièce

(1) Epit. aux Cor. 1, ii, 28.

marcha en avant sans jamais se repentir, et depuis bien des années, se montre digne émule des vertus de sa tante et la digne fille aussi de saint Vincent de Paul. Ainsi sont récompensées les familles qui craignent le Seigneur et observent sa loi. Dieu leur envoie des enfants sages ; or, dit l'Ecriture, les enfants sages sont la gloire de la mère, la joie du père, l'ornement de la maison et la force des empires.

Prions, ami lecteur, afin que se multiplie le nombre de ces familles bénies dont les enfants se consacrent au Seigneur, et qu'ainsi, le règne de Dieu arrive, que son nom soit sanctifié et que sa volonté soit faite sur la terre comme dans le ciel. Ainsi-soit-il.

CHAPITRE IX

Sœur Thérèse à la consécration de l'église de Chaudenay. —
Dernière entrevue de sœur Thérèse et de ses parents.

Les beaux jours passent; l'automne arrive;
le fruit se mûrit et bientôt le Père de famille
le cueillera pour le servir sur sa table au
banquet solennel de la fin des temps, afin de
faire voir à ses amis la beauté, la fécondité
de son jardin.

Il me reste peu de choses à dire de sœur
Thérèse, un fait seulement, mais un fait
éclatant dans sa vie et qui en rompt l'uniformité, l'espace qu'un éclair met à sillonner la
nue. Sous quelle rubrique le ranger ? Je ne
sais; je vais donc le raconter simplement sans
m'occuper de savoir s'il serait mieux placé
ailleurs.

Nous avons dit dans le cours de ce récit que
son frère faisait construire une église dans sa
paroisse. L'église était finie et la consécration
fixée au 22 octobre 1854. Il était naturel que

ce frère désirât voir à cette cérémonie celle qui l'avait tant aidé par ses prières et par son influence. Mais il connaissait sa sœur et savait d'avance qu'elle lui refuserait net cette satisfaction, s'il la lui demandait directement.

Il s'adressa donc au Supérieur général de la communauté pour lui demander la permission qu'il n'aurait pas obtenue ailleurs. Le P. Etienne accueillit sa demande et fit savoir à sœur Thérèse « qu'elle ait à prendre cette petite vacance qui lui fera du bien au cœur, autant qu'à la santé. »

Sœur Thérèse désappointée écrivit à son frère qu'elle était « bien déterminée à ne pas aller à la consécration, et que si auparavant elle avait pu voir le Père, elle l'aurait prié de ne point lui accorder de permission. » Cependant elle ne lui fait pas de reproches, et comme ses compagnes la pressent et que, « tout lui paraît être la volonté de Dieu, elle le remercie de lui avoir accordé cette douce satisfaction. » Mais tout de suite elle prend ses précautions. « Je t'assure, dit-elle, que je reste à Chaumont pour voir mes bons parents, puis je partirai de chez toi le jour même de la grande solennité sans plus m'arrêter à Chaumont. »

Elle quitta Paris le 19 et la *grande solennité* se fit le 22. Ses vacances furent courtes.

La cérémonie ne fut point favorisée par un beau soleil et la pluie se mit à tomber de toutes ses forces, ce qui n'empêcha pas sœur Thérèse de prier tout le temps, et l'on sait que ces sortes de cérémonies ne sont pas de petite durée. Quand les portes du nouveau temple furent ouvertes après les exorcismes, les prières et les bénédictions du Pontife, sœur Thérèse, mue par un sentiment de foi peu ordinaire, se précipita à genoux, sur le pavé, au milieu de la foule, comme si personne n'eût été là, s'inclina profondément et pria de manière à exciter l'admiration des fidèles et des deux vicaires généraux qui accompagnaient Sa Grandeur.

« Voyez donc, Monseigneur, comme elle prie ! » s'écria M. Barrillot avec le ton qu'on lui connaît. « Quelle foi ! »

Sœur Thérèse, seule, ne se trouvait point extraordinaire et ne se doutait guère qu'elle était l'objet de l'étonnement du public.

A peine eût-elle le temps de voir et d'entretenir pendant quelques instants, son frère occupé de mille affaires dans une pareille circonstance, comme on peut bien se l'imaginer. Après un très-simple repas, pris dans une chambre particulière de la cure avec les compagnes qu'elle avait amenées de Langres, elle repartit pour Paris sans s'arrêter à Chaumont. Ce qu'elle avait fait déjà 23 ans auparavant.

Son devoir le voulait ainsi, et sœur Thérèse voyait toujours la volonté du ciel dans l'accomplissement du devoir.

C'est la dernière fois que sœur Thérèse vit ses vénérables et vénérés parents. Je ne rapporterai rien de leur entrevue, puisque je n'y ai point assisté, mais j'imagine facilement qu'elle fut semblable à celle des antiques patriarches ou des premiers chrétiens, quand ils se quittaient pour ne plus se revoir en ce monde.

Toutefois, j'avoue que j'aurais bien voulu être témoin de ces scènes simples, mais austères et sublimes, qui grandissent l'âme et lui inspirent de nobles sentiments, de salu-

taires pensées ; scènes où des **personnes**
unies par les plus purs liens du sang, qui
s'aiment comme Dieu veut et vont se quitter
pour toujours, se regardent beaucoup, par-
lent peu, s'entretiennent de choses insigni-
fiantes auxquelles elles ne songent pas, sans
dire un mot de leurs vrais sentiments, et demeu-
rent enveloppées d'un mystère de tristesse
dont nul n'a le courage de déchirer le voile.

J'aurais voulu voir sœur Thérèse visitant
la maison paternelle dans ses plus petits
détails ; regarder avec une sorte d'avidité et
d'attendrissement qui ne paraissent pas au dehors, la chambre qu'elle a occupée au printemps
de sa vie ; son lit qui est demeuré vide ; les petits
objets, les petits riens qu'elle aimait étant
enfant et qui sont encore là ; ses vieux livres
de prix, que la maman tire de l'armoire et qui
lui rappellent tant de souvenirs ; l'antique
crucifix en cuivre jaune, si frotté par son père
tous les dimanches, qu'il n'a plus ni forme ni
figure, et qu'elle a tant baisé dans son jeune
âge.

J'aurais voulu l'accompagner au jardin, où
elle a tant bêché et tant sué, parcourant les

allées ; regardant les légumes cultivés, vantés et admirés par son père, les arbres nains qui portaient autrefois de si bons fruits, et dont plusieurs sont tombés sous les coups du temps et le fer du hoyau.

J'aurais voulu la voir, écoutant avec un doux intérêt les explications des changements qu'elle remarque, et que lui donne son vénéré père, l'antique et honnête jardinier de la rue Notre-Dame de Lorette.

J'aurais voulu la suivre le long de la rue, saluant d'anciennes connaissances qu'elle rencontre, leur adressant un mot bienveillant sur leur santé, leur famille, leur position, et arrivant enfin à la chère église de Saint-Jean où elle a fait sa première communion, où elle a tant de fois prié et si longtemps médité sur l'attrait qui l'a conduite aux Blancs-Manteaux.

J'aurais voulu assister au repas d'adieu où règne un bonheur mélancolique, et dont sœur Thérèse fait à peu près tous les frais ; puis entendre ces dernières paroles de la fille aimante et bien-aimée : « Mes bons parents, je vous aime bien et je voudrais rester avec vous ; mais vous savez, le bon Dieu m'appelle ailleurs et il faut que je remplisse mon devoir. Vous viendrez encore me voir à Paris, n'est-ce pas, et puis, nous nous retrouverons tous en paradis... »

Une larme furtive, essuyée par le père et la mère, est toute la réponse à ces douces paroles, et... tout est fini. Sœur Thérèse a repris la voiture et se retrouve bientôt au milieu de sa famille des Blancs-Manteaux qui la reçoit comme si elle était partie depuis une éternité ; puis la vie habituelle recommence pour continuer sans trève ni merci, jusqu'au jour où la courageuse ouvrière du bon Dieu sent ses forces la trahir et son corps succomber sous les coups de la mort, l'impitoyable ennemie du genre humain.

Ce moment va bientôt venir, et nous allons assister aux dernières scènes du drame qui termine toute vie humaine, ou plutôt, je me trompe, nous allons assister au coucher de ce doux soleil de bonté qui va disparaître derrière les sommets éternels, dans l'Océan de la céleste félicité.

Je connais une âme mélancolique qui, vers le soir des beaux jours de l'automne, gravissait la colline du village pour contempler l'astre du jour descendant sur l'horizon peu à peu, puis disparaissant derrière des coteaux frangés d'or et d'azur. Ce spectacle la ravissait et le roi de la lumière lui paraissait, à ce moment, plus majestueux que quand il s'élance de sa couche matinale, environné des splendeurs de l'aurore. Témoins du même spectacle, peut-être serons-nous émus des mêmes sentiments, et trouverons-nous la couche funèbre de sœur Thérèse plus belle que son berceau, et son dernier soupir plus suave que les premiers accents de sa voix enfantine.

CHAPITRE X

Jetons un dernier regard sur la maison des Blancs-Manteaux, au moment où va s'éteindre sœur Thérèse qui en était l'âme et la vie.

« La vue du paisible intérieur de cette maison, dit la Chronique, reposait et faisait du bien. Il y avait là, quelque chose de simple et de patriarcal, qui ramenait au temps de saint Vincent et faisait deviner la présence d'une sainte. Tout s'y passait avec paix et bonheur; on y faisait le bien de tout son cœur pour l'amour de Dieu, le lendemain comme la veille, sans lassitude et sans peine, car on suivait l'exemple de la bonne *Sœur Servante* qui gardait pour elle le travail le plus rude et ne se reposait jamais; qui toujours pieusement recueillie se montrait d'une égalité parfaite pour toutes ses compagnes, accueillant chacune avec un doux sourire. Aussi quelle cordialité régnait dans toute la maison ! Tout le monde était heureux ; jamais de plainte, mais de ferventes actions de grâces s'élevant vers Dieu et lui parlant de reconnaissance. »

Mais, si un pareil ordre régnait dans la maison, sœur Thérèse l'avait obtenu à force de supplications adressées à Notre-Seigneur et à son Immaculée Mère, en qui elle avait une tendre dévotion, une intrépide confiance.

« Que de sacrifices offerts en silence et sous l'œil de Dieu seulement ! Que de mortifications de corps, d'esprit et de cœur dont les anges seuls ont le secret ! Quelle immolation incessante de tout son être en union au sacrifice par excellence, celui de la Croix ! »

« Pour elle, prier et se sacrifier n'était qu'une même chose ; elle ne comprenait pas la prière sans l'immolation et c'était surtout son cœur qu'elle rendait victime.

« Ses plus légitimes affections étaient soumises à sa loi favorite, la mortification ; loi qu'elle s'était imposée dès le moment où elle fit ses premières armes à la Charité de Langres, car elle ne comprenait pas la Religieuse sans la mortification de tous les jours et de tous les instants du jour.

« Elle se privait de tout ce qui aurait pu satisfaire la nature : une visite, une lettre, une correspondance inutile, une visite à sa famille même dans les circonstances les plus graves, lorsque son père désolé la suppliait de venir pleurer avec lui sur la tombe de sa mère, ou encore, lorsque celui-ci étant mort, son frère faisait de vives instances pour l'attirer auprès de lui. »

« Une fille de la Charité ne s'appartient plus, disait-elle, et le Seigneur sera bien satisfait de nos sacrifices réciproques. »

« Elle s'imposait même l'obligation de réprimer les premiers mouvements de la nature, tels que, le désir de connaitre une nouvelle intéressante ou d'entendre raconter un trait remarquable. »

Elle trouvait en outre dans ces sortes de choses une perte de temps, et pour elle, une perte de temps était une faute considérable. Le temps était, à ses yeux, une monnaie précieuse qu'il faut employer toujours utilement, et dont Dieu réclamera les intérêts au dernier jour. Le temps, c'est de l'argent, disent les Anglais (1). C'était plus que de l'or pour sœur Thérèse ; on le remarque facilement jusque dans ses lettres écrites toutes à la hâte, où l'orthographe souvent fait défaut, où manquent parfois des mots que la rapidité de la pensée fait oublier à la plume.

Enfin sœur Thérèse fut exaucée dans toutes ses demandes, dit la Chronique.

« La prière sortant d'une âme si mortifiée s'élevait à Dieu avec une ferveur indicible ; la simplicité et la pureté lui donnaient des ailes et le sacrifice de l'efficacité. On a dit que ma sœur Deshayes obtenait tout ce qu'elle voulait du bon Dieu ; c'est qu'elle était simple, qu'elle aimait et qu'elle savait prier. »

Nous pouvons citer le trait suivant à l'appui de cette affirmation qui semble un peu téméraire, et contredit ce que nous avons écrit ailleurs.

_____

(1) Times is money.

Un jour on la prie de recommander une supplique pour l'érection en succursale de Maisoncelles, petit village du canton de Bourmont. Elle en écrit à M. de la M... et le chef du premier bureau du Ministère des Cultes, qui a grande estime de sœur Thérèse, répond au porteur de la lettre : « Sœur Thérèse appuie la supplique, c'est une affaire terminée. »

Le juste est éprouvé par la souffrance et le chrétien doit porter sa croix ; mais, c'est à ses amis que le Seigneur Jésus fait boire le calice de l'amertume et de la douleur jusqu'à la lie. Nous allons suivre sœur Thérèse sur la voie de la Passion, pour arriver avec elle au Calvaire, sur lequel elle consomma son sacrifice.

Ma sœur Deshayes a passé cinquante ans. Elle n'est plus à la fleur de l'âge, mais elle est encore dans toute sa force. Sa stature est haute comme celle de sa mère, avec une sorte d'embonpoint qui la rend majestueuse, mais de cette majesté qui attire, parce qu'elle est tempérée par une grande bonté. Elle est un peu lourde et se fatigue en marchant. Son teint est légèrement coloré ; son œil scrutateur mais plein de bienveillance ; tout son visage illuminé par ce bon et franc sourire que Dieu lui donna quand elle vint au monde. Sa parole est lente, mais affable ; il y a de la conviction dans le ton de sa voix. On l'estime quand on la voit, puis on veut l'aimer quand on l'entend. Son abord est facile ; elle met son monde à l'aise. Le pauvre comme le riche, la grande dame et la femme du peuple, le ministre et l'ouvrier sont également bien reçus et chacun s'en retourne content. Lorsqu'elle fait une visite, sa dignité sans affectation, son air simple et droit préviennent en sa faveur ; aussi, jamais elle ne se retire sans avoir obtenu l'objet de sa demande, car elle ne fait pas de visite si ce n'est pour demander, ou pour remercier d'avoir obtenu, en demandant encore. En un mot, il y a sur tout son extérieur, comme le rayonnement céleste d'une âme bonne et consumée par l'amour de Dieu.

Telle nous apparaît sœur Thérèse au moment où la maladie la frappe d'un trait mortel.

« Il semblait, dit encore et toujours la Chronique, qu'avec l'énergie dont cette digne fille de saint Vincent était douée, elle devait mourir les armes à la main ; mais Dieu voulait un autre hommage de sa fidèle servante ; elle l'avait servi dans l'action, il lui restait à le glorifier dans le repos forcé que lui imposait la souffrance.

« La veille de Noël 1866, ma sœur Deshayes se livra suivant son habitude à un travail fatiguant, quoiqu'elle eut jeûné le matin. Dès le lendemain, elle se trouva prise d'une violente douleur au côté, et elle avança l'heure du coucher pour la première fois de sa vie. La nuit ayant été très-pénible, on appela le médecin qui reconnut une fluxion de poitrine. Un vésicatoire fut appliqué, mais il s'enflamma tellement qu'il donna de l'inquiétude. C'est en le pansant avec soin que les compagnes de ma sœur Deshayes découvrirent un affreux cancer, dont l'apparence déclarait une existence de dix années au moins. »

Et pendant ces dix ans elle souffrit sans se plaindre, sans que personne s'en doutât, et, « malgré les douleurs et l'affaiblissement général que causent toujours ces sortes de souffrances, elle se dépensait sans mesure dans de rudes travaux ; lavant le parquet du parloir

des pauvres; relevant le sable de la cour; s'oc-
cupant de la cuisine, tout en marchant plusieurs heures par jour, pour la visite des pauvres ou des services à rendre. »

Voilà, pour le dire en passant, de singulières occupations pour une Supérieure; c'est
qu'on ne pense pas dans la religion comme
dans le monde. Saint Bonaventure aussi, lavait
la vaisselle dans son couvent, lorsque les envoyés du Pape lui remirent le chapeau de
cardinal, et saint Bonaventure était un grand
savant de son siècle. Ne soyons donc pas
étonné de voir sœur Thérèse laver le parquet
des pauvres. Continuons :

« Dans une famille comme celle des Blancs-
Manteaux où l'union était si parfaite, une telle
découverte fut un coup de foudre, car elle faisait craindre une fin prochaine pour cette
mère si aimée.

« Après avoir pu dire tant de fois avec le
prophète : *Qu'il est bon pour des frères de vivre ensemble!* on éprouvait une vive douleur
en pensant à une séparation qui semblait prochaine.

« Quand *Ma Sœur* s'aperçut qu'on avait découvert son mal, elle chercha à diminuer l'admiration que son silence inspirait. Je ne souffre pas tant que vous le pensez, disait elle; c'est si peu de chose, qu'il ne vaut vraiment pas la peine de s'en plaindre. Notre chère *Sœur* avait souffert pour Dieu; c'est là ce qui adoucissait ses souffrances, car l'amour allége tout et fait oublier la douleur.

« Tous les remèdes qu'on lui ordonna furent acceptés, mais elle refusa de les adoucir. Ce que nous faisons pour Dieu est si peu de chose! disait elle; ne perdons aucune occasion de lui offrir nos petits sacrifices.

« Cependant cette fluxion, de poitrine n'eut pas de suites funestes. Au bout d'une quinzaine de jours, ma sœur Deshayes, presque remise, put reprendre ses occupations et se remit courageusement à l'œuvre. Le carême approchait; elle s'occupa de sa petite mission annuelle pour faire évangéliser ses pauvres et voulut, comme les années précédentes, voir les unes après les autres, les enfants de la classe et de l'orphelinat qui se préparaient à leur première communion. Elle se traîna ainsi péniblement, mais sans se plaindre, jusqu'au jour de la Fête-Dieu, où elle assista à tous les saints offices et à la procession de la paroisse. En rentrant elle était plus faible que de coutume. C'est la dernière fois que je vais à l'église, dit-elle à ses compagnes inquiètes de son état.

« De ce jour en effet, ses souffrances ne firent que s'accroître; de terribles crises l'épuisaient et la mettaient au martyre. Ses jours étaient sans repos, ses nuits sans sommeil; mais elle ne se plaignit jamais de trop souffrir. « Là haut, je ne pourrai plus méri- « ter ni rien donner à Dieu; je profite pen- « dant qu'il en est temps encore. »

« Dans les moments les plus douloureux, elle laissait échapper de brûlantes oraisons jaculatoires : « Que je boive le calice jusqu'à « dernière goutte, ô mon Jésus, puisque vous « m'avez donné l'exemple ; mais donnez-moi « la patience ou faites moi mourir ! »

« Et quelquefois à bout de forces : « Oh ! « Seigneur, dites-moi comme au larron péni- « tent : Aujourd'hui même vous serez avec « moi dans le Paradis; » puis se reprochant « ce désir qu'elle regardait comme trop em-

« pressé et trop naturel : Non, reprit-elle,
« que votre sainte volonté soit faite, ô mon
« Dieu; coupez, taillez, tranchez; ce corps
« vous appartient ! »

« Souvent ces crises se répétaient pendant
le jour et duraient jusqu'à vingt minutes ; alors
une sorte de délire s'emparait de son esprit et
elle ne reconnaissait plus les personnes qui
l'entouraient. L'un de nos dignes missionnai-
res se trouvant près de son lit durant l'un de
ces accès de douleur, l'entendit prononcer ces
paroles : *Mon Dieu, je remets mon âme entre
vos mains ! — Vous nous avez sauvés, Seigneur Dieu de vérité,* continua-t-il, — *Le Seigneur est la part de mon héritage et tout le
bien qui m'est échu,* reprit la malade. — *Amen,*
répondit le ministre de Jésus-Chrits.

« Il y avait quelque chose de solennel dans
ce dialogue entre le prêtre et la mourante à
qui la force des douleurs, en enlevant la connaissance, ne faisait pas perdre de vue l'idée
de son Dieu et de son âme rachetée. »

Il était bien temps de prévenir son frère et
sa sœur que la maladie était sans remède.
Elle ne veut pas que d'autres le fassent et se

charge elle même de les préparer à sa mort prochaine. Voici sa lettre à sa sœur ; nous la donnons sans commentaires :

« Ma bonne Justine,

Ne te fâche pas contre nos Sœurs de ce qu'on t'a caché ma maladie. C'est moi qui ai prié et conjuré qu'on te la laisse ignorer, parce que, connaissant ton excellent cœur et ta tendance bien trop grande à te tourmenter, tu te serais fait trop de peine ; peut être serais-tu tombée malade et cela n'aurait rien changé pour moi. Ta vie de mère et d'épouse est précieuse, tandis que ma disparition n'est rien ; c'est comme une *vitre cassée*, on la remplace facilement et celle qu'on met à la place est même plus brillante...

« Donc, chère et bien aimée sœur, je t'engage à supporter notre séparation, puisqu'il a plu au bon Dieu d'agir ainsi. Prie et fais prier, bien chère sœur, pour le repos de mon âme, afin qu'elle ne reste pas longtemps en Purgatoire et que j'aille bientôt rejoindre mes bien-aimés parents.

« Console toi donc, bonne Justine, notre séparation n'est que momentanée ; un jour tu viendras me rejoindre, ainsi que ceux qui te sont chers. Je désire que cela soit le plus tard possible, afin que vous augmentiez vos mérites pour le ciel. Ne crois pas, chère amie, que je quitte ce lieu d'exil sans regrets ; non assurément, ton souvenir et celui des tiens ont une grande part dans ces regrets.

« La vue de mes chères compagnes éplorées autour de moi, cherchant par toute sorte de moyens à me garder avec elles, m'a navré le cœur, je t'assure, et de mon côté, il y a réciprocité d'affection. Il a fallu que la sainte et adorable volonté du bon Dieu domine mon âme, pour faire généreusement le sacrifice de ma vie. Ce qui ma beaucoup aidé, c'est la pensée que je n'avais pas servi le démon (1) ; que le Dieu de toute bonté et de toute justice, que j'ai eu l'honneur et le bonheur de servir pendant trente sept ans, voudra bien oublier mes misères passées, en considération des petits services que j'ai rendus à ses membres souffrants ; rendre mon jugement favorable ;

(1) Il y a dans le texte : *Mahomet* ; allusion de famille qui n'aurait pas été comprise.

ne m'envoyer que peu de temps dans le Purgatoire ; puis me mettre dans son saint Paradis,
où je jouirai d'un bonheur parfait.

« Sois donc assurée, bien chère et aimée
sœur, que du haut du ciel où je serai, j'espère,
avec mes chers et aimés parents, je ne t'oublierai pas ; je demanderai au bon Dieu qu'il
déverse sur vous tous, toi et les tiens, ses plus
abondantes bénédictions.

« Au revoir ; au revoir, bien chère et aimée
sœur ; console toi en pensant à mon bonheur.
J'embrasse de tout cœur tout le monde et reste
ta toute affectionnée,

Sœur THÉRÈSE. »

Paris, 19 juin 1867.

Ainsi écrivent les saints ; ainsi parlait autrefois saint Martin consolant dans la même
circonstance ses frères désolés.

Comme il est à penser, la sœur court vite à
Paris pour voir la chère malade qu'elle trouve
dans un déplorable état, éprouvant de temps
en temps de terribles crises, mais n'étant pas
encore réduite à l'extrémité. Elle revient dans
sa famille où sa présence est nécessaire et se

prépare dans l'angoisse au grand sacrifice. Plus tard, sœur Thérèse la rassure en lui écrivant deux mots de sa main :

« Je viens te rassurer en t'écrivant deux mots ; ma crise de grandes souffrances est passée, dans laquelle je vous ai tous affligés ; je suis redevenue comme quand tu m'as quittée. Pendant toute ma souffrance, le médecin n'a pas eu un moment d'inquiétude. Je dis à tous mille et mille choses les plus affectueuses. Fais part de cette lettre à notre bon et bien aimé abbé. »

Paris 16 novembre 1867.

Elle lui écrit encore une dernière fois le 13 décembre suivant ; mais pas une plainte, pas un regret. Elle donne des nouvelles de sa nièce ; s'occupe d'affaires comme si elle n'était point malade ; parle du froid et des raisins que ses compagnes « lui donnent pour dessert par une délicate attention, et qui, assurément, ne sont pas bon marché. »

Il semble vraiment qu'elle n'appartienne plus à ce monde, tant elle se montre insensible à tout. En effet, elle ne lui appartient plus que par peu de chose, par ce corps en ruines, qu'on va bientôt mettre dans la terre.

Cependant, il lui est réservé encore une bien douce consolation dans ces cruels instants où se démolit peu à peu sa douloureuse existence. Son frère est à côté d'elle; ce frère qu'elle aime tant, et parce qu'il est son frère et parce qu'il est ministre du Dieu à qui elle a dévoué elle-même sa vie.

Qu'ont-ils dit dans ce suprême entretien? Je ne sais; mais la veille de mourir, sainte Scholastique s'entretint avec saint Benoit son, frère, des douceurs de la mort et du bonheur des Elus dans le ciel.

Je dirai seulement le dernier mot de leur dernier adieu. Il témoigne encore de la foi vive dont sœur Thérèse était animée, et qui semblait grandir à mesure que la vie du corps allait s'affaiblissant. Je le tiens de la bouche du frère lui-même, et je ne crois pas être indiscret de le citer pour achever le portrait de la chère martyre.

Adieu, ma sœur, dit le prêtre. Non pas adieu; répond la sœur, mais au revoir. — Oui, c'est cela ; au revoir devant le bon Dieu. — Au revoir ; mais avant de t'en aller tu vas me donner ta bénédiction. — Mais, c'est toi plutôt qui devrais me bénir, car tu es mon aînée et tu vas mourir, dit le frère tout en larmes. — Moi, non ; je ne suis pas prêtre du Seigneur...

Alors elle se recueillit et s'inclina autant qu'elle put devant son frère, et le prêtre bénit la religieuse ; puis ils se séparèrent pour ne se revoir plus que dans l'éternité. L'une attendit encore pendant quelques jours l'appel du divin Maître, et l'autre retourna dans le monde pour combattre les bons combats, dans la milice du Seigneur.

Rien plus ne retenait sur la terre la digne épouse de Jésus-Christ. Elle a vu son frère, elle a vu sa sœur, elle a vu sa nièce. Les principaux adieux sont faits ; elle a dit au revoir à tous ; ses dernières volontés sont écrites dès le mois de mai ; elle attend dans la résignation qu'il lui soit dit cette bonne parole : « Voici l'Epoux qui vient, allez au devant de lui. »

En attendant avec elle, lisons le préambule de son testament, pour nous édifier encore une fois des dispositions intérieures de la Servante de Dieu :

« Je soussignée, Didière Antoinette Deshayes, Fille de la Charité dans la Communauté de St-Vincent de Paul, étant incertaine de ma mort et craignant d'être surprise lorsqu'il plaira à Dieu de me retirer de ce monde, ai rédigé et écrit, ainsi qu'il suit, mon testament exact de dernière volonté.

« Je prie Dieu par les mérites infinis de son Fils adorable, par l'intercession de la Très-Sainte Vierge, des Anges et des Saints, d'oublier mes péchés et de recevoir mon âme dans le sein de sa miséricorde...

Suivent différentes dispositions particuliè-res terminées par celle-ci : « Je lègue le reste de ma succession, pour aider la vocation de personnes qui désireraient entrer dans la Communauté des Filles de la Charité. »

« Fait à Paris le premier mai 1867.

Sœur DESHAYES. »

Sœur Deshayes est prête pour le grand voyage et désire entendre la voix de l'époux qui l'appelle. Mais ses compagnes multiplient les prières pour la retenir sur la terre ; elles organisent une neuvaine dernière, à N.-D. de la Salette, et font appel à toutes les âmes qu'elles connaissent, afin de faire violence au Ciel et d'obtenir un miracle. Même, elles s'adressent à Maximin qui se met de la partie.

Mais qui sait si intérieurement sœur Thérèse ne s'opposait pas à tous ces efforts et ne demandait pas à Dieu de ne point exaucer les prières qui lui étaient adressées ? Nous savons déjà qu'elle avait offert sa vie pour le Souverain-Pontife, puis je lis ceci dans la Chronique : Lorsqu'une enfant lui disait qu'on priait pour sa guérison : « Demandez plutôt que Dieu « m'accorde la patience, » répliquait-elle aussitôt.

Convaincue qu'elle ne recouvrerait pas la santé, elle encourageait cependant les neuvaines qu'on faisait pour l'obtenir, en disant : « Ce que l'on donne au bon Dieu n'est pas perdu : s'il ne m'accorde pas de guérir, il m'accordera de bien souffrir ; continuez de prier. »

Elle était convaincue ; en effet, dans sa dernière lettre à sa sœur, elle parle de la neuvaine à N.-D. de la Salette avec une indifférence qui ne lui est pas ordinaire, comme si la chose ne la regardait absolument pas, sans faire la plus petite réflexion. « Je te dirai, en passant, que nos sœurs font en ce moment une neuvaine à N.-D. de la Salette ; chaque jour je bois de l'eau et j'en mets des applications de linge mouillé sur le siége du mal. Maximin est aussi de la neuvaine. »

Voilà tout. C'est comme une démarche qu'on fait pour l'acquit de sa conscience et qu'on sait d'avance ne devoir pas réussir. En effet la neuvaine ne réussit pas.

N'avait-elle pas eu une révélation intérieure que Dieu avait accepté son sacrifice et prenait la vie qu'elle lui offrait ; qu'elle allait bientôt quitter la vallée des larmes pour la joie de la patrie ? Il est permis de le supposer d'après ce que nous venons de lire, sans vouloir toutefois scruter le secret de Dieu, qu'elle a emporté dans la tombe avec elle.

Continuons-donc d'assister à cette lente agonie ; contemplons la victime étendue sur la croix et abreuvée de souffrances que personne ne peut soulager. Un ange apparut visiblement à N.-S. au jardin de Gethsémani pour le consoler et le fortifier ; voyons aussi aux côtés de la *souffrante* l'ange consolateur qui l'aide à vider la coupe de la douleur jusqu'à la fin.

« Il faut que la souffrance soit quelque chose de bien précieux, dit une des sœurs qui veillait près d'elle (1), puisque le bon Dieu qui nous aime tant, l'envoie pour l'ordinaire comme paiement de tout le bien qu'on a fait, et du zèle qu'on a mis à le faire aimer et glorifier ; enfin, quoi qu'il en soit, nous devons adorer la divine volonté. Dans le ciel nous comprendrons ses desseins d'amour qui semblent parfois si incompréhensibles à notre pauvre nature. »

Chose étonnante ! Pendant ce long martyre d'une grande année, la régularité la plus exacte continua de régner dans la maison.

« Tous les exercices de piété se faisaient à la chapelle ou autour de son lit, suivant leur nature. Rien ne souffrit ; ni lectures, ni conférences, ni répétitions d'oraisons, et souvent à ces différents exercices elle laissait échapper quel-

---

(1) Cette Sœur était sa propre nièce accourue de Meaux près du lit de sa tante agonisante.

ques ferventes paroles qui animaient et réchauffaient les cœurs, en leur faisant chérir davantage notre chère vocation, le devoir et la vertu. »

L'évangéliste dit de N.-S. la veille de sa passion *qu'ayant aimé les siens, il les aima jusqu'à la perfection.* Nous pouvons bien appliquer ces paroles à la pauvre victime dont la douleur comme un lion brise tous les os.

« La sollicitude pour ses chères enfants ne diminua pas. Souvent elle en réunissait quelques-unes auprès de son lit et leur répétait ses sages conseils. » Quand il ne lui fut plus possible de les voir, ne pouvant se résoudre à mourir sans leur dire : Au revoir, et sans leur faire ses recommandations, elle recueillit toutes ses forces et leur écrivit une lettre où tout son bon cœur s'écoula pour ainsi dire. Cette lettre est restée pour ces chères jeunes filles un testament spirituel, un précieux monument qu'elles conservent avec amour et reconnaissance ; la voix de leur Mère mourante est pour elles la voix du Ciel. « C'est le dernier écho d'un grand cœur qui ne battit jamais que pour Dieu. »

« Mes enfants bien-aimées,

« Je ne veux pas quitter cette terre d'exil sans vous adresser quelques paroles d'adieu. J'aurais voulu le faire de vive voix, mais mes forces défaillantes ne me laissent pas cette douce consolation ; je viens me dédommager en vous écrivant les recommandations que me dicte mon cœur.

« Merci, chères enfants, de toutes les prières et de tous les sacrifices que vous avez faits pour moi. Sachez bien que rien n'est perdu ; si vos prières n'ont pas atteint le but que vous vous proposiez, celui de me garder longtemps au milieu de vous, c'est que le bon Dieu ne l'a pas voulu.

« Je considère comme une grande grâce qu'il m'appelle à lui ; c'est une joie que je crois devoir à ceux qui ont prié pour moi et spécialement à vous, chères enfants. Si j'ai le bonheur d'aller bientôt vers notre Père céleste, soyez assurées que je n'oublierai aucune de vous.

« Je viens, au nom de cet aimable Sauveur, vous dire de sa part qu'il désire que vous soyez toutes les fleurons de ma couronne ; j'espère que vous ne refuserez pas à ce divin Maître ce qui me causera tant de bonheur.

« Pour arriver là, mes chères enfants, il faut que vous me promettiez toutes de vivre en bonnes chrétiennes ; il faut que votre conduite tende à remplir la fin pour laquelle le bon Dieu vous a créées et mises au monde : *le connaître, l'aimer, le servir*. Vous répondrez à cette noble fin en aimant le travail, en vous aimant les unes les autres, comme de vraies sœurs que N.-S. a réunies pour vivre ensemble, préférablement à tant d'autres qu'il a laissées dans la masse corrompue du monde.

« Fuyez, mes enfants, les amitiés particulières dont, le démon se sert pour perdre les âmes en les éloignant de Dieu. Ces sortes d'amitiés les détournent entièrement du but qu'elles doivent atteindre et qui seul peut leur procurer le vrai bonheur, leur donner la paix en ce monde et le Paradis en l'autre.

« Je ne vous parle pas de vos devoirs religieux, parce que je vous ai dit que vous êtes créées pour aimer Dieu et que si vous l'aimez, vous serez insatiables de les remplir tous. Une enfant dans cette excellente disposition, aime aussi son travail et fait son bonheur personnel comme celui des personnes qui l'entourent.

« Qu'il en soit ainsi de vous toutes, sans aucune exception, mes chères enfants. Adieu.... adieu.... Je vais vous attendre au Ciel. »

En leur envoyant cette lettre, ma sœur Deshayes prévint ces chères enfants qu'elles pouvaient venir l'une après l'autre lui dire quelle grâce elles désiraient le plus obtenir de Dieu, promettant d'être leur avocate auprès de lui.

Combien cette scène fut touchante ! Aucune ne manqua à l'appel et ne douta qu'elle dût être exaucée par son intercession. On peut dire que le chemin suivi par ses enfants fut tout mouillé des chaudes larmes qu'elles repandaient, en sortant de recevoir le suprême embrassement de leur mère.

Elle ne les revit plus, ces chères enfants. Ce fut son second adieu, aussi triste, plus triste encore que le premier, car elle les laissait en face de l'avenir, et d'un avenir bien incertain. Pourtant elle en vit encore quelques-unes dans les circonstances que voici :

Un soir qu'elle souffrait cruellement, elle pria ses compagnes de lui chanter le cantique : « *Le ciel en est le prix ;* » cantique familier aux Filles de la Charité, et aux accents duquel toutes s'animent et s'encouragent à marcher dans la voie que leur a tracée le Seigneur Jésus.

Mais leur cœur était trop gonflé par la tristesse et l'inquiétude pour qu'elles pussent chanter ; elles n'avaient plus de voix. Cependant, pour ne pas la priver de cette consolation, quelques orphelines furent appelées et chantèrent en chœur le cantique demandé. Les derniers mots s'éteignirent dans les larmes, car toutes auraient voulu conserver leur bonne mère ! La bonne mère à cette vue ne put s'empêcher de mêler les siennes à celles de sa famille. Peut-être même lui vint-il au cœur cette prière de saint Martin au milieu de ses moines éplorés : « Seigneur si je suis encore nécessaire à ces chères enfants, je ne refuse pas le travail ; que votre volonté soit faite. »

Les Supérieurs de la Congrégation, qui appréciaient sa vertu, vinrent plusieurs fois lui rendre visite durant sa maladie et ce fut pour elle une grande consolation. Lorsqu'ils étaient partis, elle disait avec l'humilité d'une âme qui s'ignore elle-même : « Comment peuvent-ils songer à se déranger pour moi ? » Et elle était toute confusionnée. Cependant, quand elle les voyait entrer, une douce expression de bonheur animait ses traits et manifestait la jouissance qu'elle éprouvait. C'est que la pauvre nature humaine est si contente de la moindre marque de déférence, de sympathie et de bonté quelconque qui lui est témoignée!

Après ce petit moment d'arrêt, la grâce continuait son œuvre et d'ardentes prières, de cruelles souffrances offertes pour eux, leur payait la dette de la reconnaissance.

Mais le remède le plus riche, le plus précieux, le plus désiré de la douce victime étendue sur le lit de la souffrance, c'était la sainte Communion. Jusqu'à la fin, elle put faire celles qui sont de règle et ce fut pour elle la meilleure des consolations. Lorsqu'elle avait reçu son Sauveur, sa force et son appui, il s'établissait entre son âme et le céleste Epoux, un de ces colloques mystérieux auxquels il n'est pas permis au profane vulgaire d'assister, et qui sont un avant-goût des délices du Paradis.

Pendant la demi-heure qui s'écoulait après la sainte Communion, les yeux fermés et les mains jointes, elle demeurait impassible et sans mouvement dans la jouissance qui la ravissait ; la douleur avait reçu l'ordre de ne pas troubler le calme de ces heureux instants.

Cependant l'heure suprême approchait ; les moments étaient comptés et chaçun d'eux hâtait à l'envi la destruction de la maison terrestre de sœur Thérèse. Les crises étaient plus fréquentes et plus fortes sans altérer cependant la patience de la malade. Je crois même qu'elles augmentaient sa ferveur.

Parfois, se croyant seule, elle s'unissait à Marie désolée au pied de la croix et murmurait ces paroles : Est-il une douleur semblable à ma douleur... Vous qui passez, voyez et jugez ; puis elle commençait le *Pater* et s'arrêtait à ces mots : *Que votre volonté soit faite... et non la mienne*, continuait-elle avec expression.

Las ! Seigneur, elle se méprenait la chère mourante ; il y avait longtemps, bien longtemps qu'elle n'avait plus d'autre volonté, et que sa vie n'était que l'accomplissement exact de celle du Père céleste. Mais elle craignait de n'avoir pas assez dompté la nature ; c'était le cri de la défiance, le cri du soldat victorieux qui n'ose croire encore à sa victoire tant qu'il reste un ennemi sur le champ de bataille.

Ne pouvant relever la tête à cause de la violence du mal, elle demeurait courbée dans son fauteuil sans plus rien voir autour d'elle. Cette singulière position amenait encore sur ses lèvres cette parole, cette demi plaisanterie qui indiquait la naturelle gaité de son caractère. « Me voilà réduite à l'état du pauvre Job, disait-elle, bientôt je ramperai. »

Mais plus son corps s'affaiblissait et s'abaissait vers la terre, plus son âme prenait de vigueur, plus ses pensées et ses sentiments montaient vers le ciel, plus elle se dégageait des liens terrestres et regardait attentive le sentier lumineux qu'elle allait suivre pour se réunir à son Dieu. Laissons la plume à ses compagnes qui l'environnaient à ses derniers moments, pour raconter les efforts de cette âme qui brise sa grossière enveloppe et s'élève vers les sphères célestes d'ou elle est descendue.

« Le 14 janvier 1868, elle ressentit les premiers symptômes de la mort. « Le râle me « prend, disait-elle, ce sera bientôt fini ; » puis, quelques heures plus tard, se plaignant d'étouffer, elle demanda de l'air ; c'était la première fois qn'elle réclamait du soulagement. Cet état dura toute la nuit. Un fort courant d'air était établi dans l'infirmerie et la patiente souffrait toujours. « De l'air, de l'air, » répétait-elle à chaque instant ; ceci nous navrait le cœur, car nous ne pouvions faire autre chose que ce que nous avions fait.

« Il était onze heures, et personne n'avait pensé à prendre du repos. Ma Sœur s'en aperçut et nous persuada de nous retirer, en nous rappelant que nous devions être à nos offices le lendemain. Nous obéîmes, laissant auprès d'elle deux de nos compagnes que nous pouvions remplacer dans leur travail, en leur recommandant bien de nous avertir s'il se présentait quelque indice d'une fin très-prochaine.

« A peine commencions nous à sommeiller,

que l'une des veilleuses entra au dortoir. Le moment approche, nous dit-elle, notre pauvre mère devient froide et étouffe de plus en plus, tenez vous prêtes.

« Elle venait de sortir lorsqu'un fort coup de sonnette nous mit toutes sur pied. Ma Sœur vous demande, elle désire que nous lui récitions ensemble les prières des agonisants.

« Quelques minutes après nous étions autour de son lit et nous priions avec elle. C'est à peine si elle pouvait parler; mais ses lèvres murmuraient encore et prouvaient qu'elle s'unissait à nous. Sitôt que nous arrêtions un instant : « Oh ! priez, disait-elle, priez toujours, « nos Sœurs, je vous en supplie ! » Son ton suppliant nous déchirait le cœur. Que se passait-il donc dans cette âme si pure ? »

Mon Dieu, si la crainte de vos jugements fait trembler les saints, que deviendrons-nous, pécheurs ?

« A la suite de la prière des agonisants, nous récitâmes toutes les litanies du formulaire, puis le chapelet en entier et la pieuse mourante disait encore : « Priez, priez tou- « jours. » Alors nous recommençâmes le chapelet, cet hommage que notre digne Sœur aimait tant à rendre à sa divine et bien aimée mère du ciel, que, tout le temps de sa maladie, deux enfants eurent mission de venir le réciter auprès d'elle... »

C'est ici l'occasion de réparer un oubli important dans le récit de cette sainte vie, et de dire, qu'elle aimait la douce et Immaculée Mère de Jésus au delà de toute expression, d'un amour d'affection vive et tendre, tandis qu'elle craignait Dieu et le servait; qu'elle n'entreprenait rien sans le lui avoir recommandé, pour être sûre du succès; qu'elle avait en elle une confiance sans limites; qu'elle en parlait toujours et partout; qu'elle n'a jamais écrit une lettre sans y insérer ce nom cher et bien aimé; enfin, que si elle était tout à Dieu, elle était aussi tout à sa Mère, selon la coutume et pratique de tous les saints.

Cette minute d'arrêt nous a reposés de notre tristesse comme le baiser d'un enfant soulage sa mère qui pleure. Reprenons-nous à écouter maintenant :

« Quatre heures du matin sonnèrent : « Rendez-vous à la chapelle, nos Sœurs, dit la mourante; voilà l'heure de la prière. » — Laissez nous la faire auprès de votre lit, ma Sœur, reprit l'une de nous. Elle n'insista pas et s'unit encore à la prière et à l'oraison.

« Un peu de calme étant survenu, nous osâmes la quitter une demi-heure pour entendre la sainte messe à la paroisse.

« En nous voyant rester près d'elle à notre retour de l'église, notre bonne mère s'inquiéta encore pour savoir si tout était en ordre dans nos offices, et sur notre assurance, nous laissa l'entourer. L'idée du devoir fut toujours la première pour elle, elle s'en occupait encore à sa dernière heure.

« Le médecin qui l'avait vue la veille et qui en sortant avait eu le doute de la retrouver vivante le lendemain, entra vers huit heures et, la voyant si mal se tint dans un angle de l'infirmerie sans approcher. Il ne dit pas un mot, ne bougea pas tant que vécut encore la vénérée malade ; mais nous remarquâmes qu'il avait les yeux fixés sur elle et qu'il pleurait.

« Une pensée sembla traverser l'esprit de de notre bonne mère peu après l'arrivée du médecin ; elle appela celle de nos Sœurs qui s'occupait des comptes, et la prévint qu'une dame de Charité lui avait versé sa cotisation la veille, sans qu'elle eût la pensée de l'en prévenir. C'était encore l'idée du devoir à remplir qui rappelait en quelque sorte la vie dans le sein de notre digne mère, et lui faisait prononcer ses dernières paroles.

« Quelques instants après, elle demanda de l'eau bénite; peut-être pour écarter le Maudit qui vient toujours roder autour des saints mourants, afin de troubler en quelque façon leur dernière agonie et témoigner jusqu'à la fin de sa haine pour les hommes. Saint Martin vit aussi, avant de rendre le dernier soupir, cette bête cruelle à ses côtés et lui dit : « Retire toi, « féroce animal, tu ne trouveras rien en moi de « funeste. » Sœur Deshayes put bien lui adresser aussi les mêmes paroles, sinon de bouche, au moins de cœur, puisque la voix était éteinte sur les lèvres. A ce moment le médecin nous dit que nous pouvions achever les prières.

« Alors, fondant en larmes, nous fimes la recommandation de l'âme, de cette âme si prête à paraître devant le Seigneur par l'effusion de toutes les grâces divines, et par toutes les satisfactions qu'opèrent la souffrance et le sacrifice.

« Quand nous eûmes prononcé le dernier mot, ma sœur Deshayes leva les bras pour faire sur elle-même le signe du salut; c'était son dernier effort, elle ne l'acheva pas. » Son âme quittant sa prison d'argile s'envola vers le trône de Dieu et fut présentée à son tribunal « par Marie qu'elle avait tant aimé, à qui elle avait consacré de si nombreuses enfants, dont elle avait fait restaurer l'image naguère afin de la laisser comme une protectrice fidèle au milieu de ses chères orphelines. »

Nous croyons que la sentence du juste juge a été favorable et que les anges, le chœur des vierges avec tous les bienheureux, sont venus la prendre pour l'introduire dans la cité sainte, la Jérusalem nouvelle où retentit sans fin le cantique de l'éternelle jubilation, l'hymne de la louange, de la gloire et de la bénédiction à Celui qui vit et règne dans les siècles des siècles. Amen.

« Le coup était prévu, ajoute la Chronique, mais il fut terrible. Un cri de douleur s'échappa de toutes parts. Ses compagnes et les enfants pleuraient la meilleure des mères, les pauvres leur providence, les dames de charité une amie éclairée et prudente, tous un guide, un soutien, un modèle de patience, d'humilité et de toutes les vertus.

« Une seule pensée était capable de modérer la douleur générale : « Elle est au ciel, « disait-on, nous la reverrons un jour. »

Le médecin de la maison fit en deux mots son complet éloge. Sa maladie depuis dix ans la portait, disait-il, à l'irascibilité et à la tristesse, et cependant, par vertu, elle se montra la personne la plus égale, la plus cordiale et la plus douce qu'on puisse rencontrer. »

Contentons nous de cet éloge, car le mort est loué par ses œuvres ; le panégyrique de sœur Thérèse est sa vie tout entière. Laissons de côté le dueil de sa famille et les cérémonies des funérailles dont s'occupent les âmes vaines ; tout cela importe peu ; honorons sa tombe en nous rappelant ses vertus et répétons cette parole de l'un des siens. « Puissions-« nous vivre comme elle afin de mourir elle. » *Moriatur anima mea morte justorum*, que je meure de la mort des justes ; c'est le désir qui me vient au cœur avec une larme en achevant mon récit.

Le temps est court, la gloire humaine est comme l'herbe qui se dessèche, le monde passe avec ses vanités ; mais la mémoire du juste vivra éternellement ; ses œuvres restent et sa récompense est auprès de Dieu, dans les royaumes célestes où sa demeure est à jamais établie.

« Seigneur qui êtes glorifié dans vos saints et nous laissez leur exemple comme un flambeau pour nous guider à travers les ténèbres de ce monde, jetez les yeux sur les prières que notre humilité vous adresse, et faites que nous soyons un jour admis dans leur assemblée, afin de célébrer avec eux vos louanges dans les siècles des siècles. Ainsi soit-il. »

TABLE DES MATIÈRES

CHAPITRE VI

CHAPITRE VII

CHAPITRE VIII

CHAPITRE IX

CHAPITRE X

Langres, imp. Firmin Dangien.